Kinder entdecken . . .

Erfindungen

TIME KINDER-
LIFE BIBLIOTHEK

Inhalt

Was ist eine Erfindung? 4

Welche Erfindungen haben die Welt verändert? 6

Wie kam es zur Erfindung der Druckerpresse? 8

Wer erfand die Glühbirne? 10

Wie entstand das Telephon? 12

Wer erfand das Radio? 14

Wer baute und flog das erste Flugzeug? 16

Wie sahen die ersten Autos aus? 18

Wie funktionierte die erste Rakete? 20

Seit wann gibt es Geld? 22

Wie sahen die ersten Uhren aus? 24

Wie entstand der Kalender? 26

Wann begannen die Menschen, mit Messer und Gabel zu essen? 28

Wozu verwenden wir Zahnpasta? 30

Wann wurde zum ersten Mal Seife verwendet? 32

Seit wann gibt es Brillen? 34

Wer erfand die Turnschuhe? 36

Seit wann benutzen wir Schirme? 38

Wie sahen die ersten Spiegel aus? 40

Wie entstanden Hula-Hoop, Frisbee und Jo-Jo? 42

Wer hat sich das erste Puzzle ausgedacht? 44

Wie sahen die ersten Fahrräder aus? 46

Seit wann gibt es Feuerwerkskörper? 48

Wie entstand der Bleistift? 50

Wer konstruierte die ersten Rollschuhe? 52

Wer erfand den Reißverschluß? 54

Wer erfand den Klettverschluß? 56

Wie kam es, daß Bluejeans so beliebt wurden? 58

Wer hat sich die Regeln des Fußballspiels ausgedacht? 60

Wer machte das Sandwich populär? 62

Seit wann gibt es Eiscreme? 64

Wer brachte die erste Tiefkühlkost auf den Markt? 66

Wer stellte das erste Material aus Plastik her? 68

Wie entstand die Photographie? 70

Wie ist das Fernsehen entstanden? 72

Seit wann benutzen die Menschen Maschinen zum Rechnen? 74

Wann wurde der Computer eingeführt? 76

Was ist ein Roboter? 78

Welchen Nutzen haben Erfindungen für den Haushalt gebracht? 80

Mitwachsendes Album 81

Was ist eine Erfindung?

Antwort Wenn jemand eine Idee von etwas ganz Neuem hat und sie erfolgreich in die Tat umsetzt, sprechen wir von einer Erfindung. Manchmal haben mehrere Menschen gleichzeitig eine Idee und versuchen, sie in die Praxis umzusetzen. In anderen Fällen macht einer den Anfang, und andere entwickeln die Erfindung weiter.

■ Die ersten Konserven

1795 suchte Napoleon Bonaparte nach Möglichkeiten, Lebensmittel vor dem Verderben zu schützen. Seine Soldaten brauchten Verpflegung, die auf langen Märschen nicht schlecht wurde. Nicolas-François Appert hatte eine Idee: Er füllte Nahrungsmittel in Glasgefäße und erhitzte sie, um alle Keime abzutöten. Dann verschloß er die Gefäße fest mit Korken, so daß keine neuen Keime eindringen konnten.

Zufällige Erfindungen

■ Der Phonograph

Der Amerikaner Thomas Edison versuchte des öfteren, technische Geräte zu verbessern. Als er 1877 am Telegraphen tüftelte, bermerkte er, wie die Nadel des Geräts eine Meldung in hoher Geschwindigkeit wiederholte und dabei einen musikähnlichen Klang erzeugte. Edison erkannte, daß er Schallschwingungen in elektrische Impulse umwandeln und sie später wieder in Schall zurückverwandeln konnte. Das war die Idee zum Phonographen.

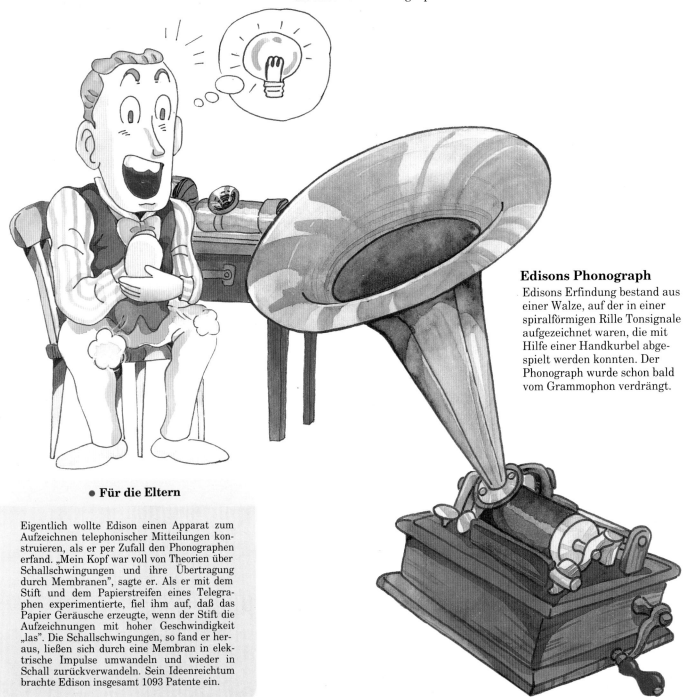

Edisons Phonograph

Edisons Erfindung bestand aus einer Walze, auf der in einer spiralförmigen Rille Tonsignale aufgezeichnet waren, die mit Hilfe einer Handkurbel abgespielt werden konnten. Der Phonograph wurde schon bald vom Grammophon verdrängt.

● **Für die Eltern**

Eigentlich wollte Edison einen Apparat zum Aufzeichnen telephonischer Mitteilungen konstruieren, als er per Zufall den Phonographen erfand. „Mein Kopf war voll von Theorien über Schallschwingungen und ihre Übertragung durch Membranen", sagte er. Als er mit dem Stift und dem Papierstreifen eines Telegraphen experimentierte, fiel ihm auf, daß das Papier Geräusche erzeugte, wenn der Stift die Aufzeichnungen mit hoher Geschwindigkeit „las". Die Schallschwingungen, so fand er heraus, ließen sich durch eine Membran in elektrische Impulse umwandeln und wieder in Schall zurückverwandeln. Sein Ideenreichtum brachte Edison insgesamt 1093 Patente ein.

Welche Erfindungen
haben die Welt verändert?

Antwort Die Erfindung des Papiers in China vor etwa 2000 Jahren und die Erfindung der Dampfmaschine durch den Schotten James Watt 1765 sind Beispiele großer Erfindungen, die die Welt verändert haben. Bevor es Papier gab, schrieben die Menschen auf dünnen Streifen aus dem Mark der Papyrusstengel, oder sie ritzten ihre Mitteilungen in Stein oder Holz. Die Dampfmaschine revolutionierte die Arbeitswelt. Durch sie konnten Waren in viel größeren Mengen als vorher produziert werden.

▲ Im alten Ägypten schrieben die Menschen auf dünnen Papyrusstreifen, die in zwei Lagen in jeweils entgegengesetztem Faserlauf aufeinandergepreßt waren.

■ **Die Erfindung des Papiers**

Das erste Papier wurde 105 n. Chr. in China hergestellt. Ein Papiermacher kochte zunächst rohe Pflanzenfasern, etwa aus Hanf oder Baumwolle, bis sie breiig wurden. Dann verteilte er den Brei auf einem feinen Sieb in einem Holzrahmen und weichte ihn im Wasser ein. Nach einer Zeit hob er das Sieb wieder aus dem Wasser heraus und ließ das Wasser abtropfen. Nun bildete der Brei nur noch einen dünnen Film. Nach dem Trocknen wurde daraus ein Blatt Papier.

Die Dampfmaschine

Im Jahr 1765 gelang dem Ingenieur James Watt die Verbesserung der ursprünglich von Thomas Newcomen erfundenen Dampfmaschine. Watts Maschine trieb nun in den Fabriken Kurbeln und Walzen an und beschleunigte damit die Arbeit, die bisher Menschen verrichtet hatten. Schon bald rauchten die Schlote der Fabriken: Um den Dampf für die Maschinen zu erzeugen, mußte Kohle verbrannt werden. Eingesetzt wurden die Dampfmaschinen zur Herstellung von Stoffen und für schwere Arbeiten in Bergwerken. Außerdem dienten sie zum Antrieb von Schiffen und Eisenbahnen, was eine wesentlich schnellere Beförderung von Menschen und Gütern ermöglichte.

▶ **Das Dampfschiff** *Clermont*

▲ **Die Dampflokomotive** *Rocket*

● Für die Eltern

Watts Verbesserung der Dampfmaschine führte zur Entwicklung der Dampflokomotive und des Dampfschiffes, die das Transportwesen revolutionierten. Die Dampfmaschine spielte auch eine wesentliche Rolle für den Beginn der industriellen Revolution, machte sie doch die Umstellung von der Manufaktur zur maschinellen Fertigung erst möglich. Diese Erfindung hat unsere Welt grundlegend verändert.

Wie kam es zur Erfindung der Druckerpresse?

Antwort Nach der Erfindung des Papiers suchten die Menschen nach Methoden, um darauf schreiben zu können. Einige benutzten Federkiel und Tinte. Andere schnitzten die Worte in eine Holztafel, färbten das Holz mit Druckerfarbe ein und preßten dann Papier darauf. 1438 kam der Goldschmied Johannes Gutenberg auf die Idee, Buchstabenformen, sogenannte Lettern, herzustellen, aus denen man immer wieder neue Wörter zusammensetzen konnte. Er konstruierte auch ein Gerät, die Druckerpresse, die eine ganz Seite auf einmal drucken konnte.

■ Anlaß war ein Fehler

Eines Tages, als Gutenberg dabei war, einen Text in Holz zu schnitzen, unterlief ihm gegen Ende einer Zeile ein Fehler. Um nicht die ganze Zeile noch einmal machen zu müssen, kam ihm die Idee, den fehlerhaften Buchstaben herauszuschneiden und durch den richtigen zu ersetzen.

Gutenberg hatte seine Erfindung, die den Buchdruck möglich machte, aus einer Traubenpresse entwickelt. Bis dahin hatten die Menschen von Hand gedruckt, indem sie das Papier auf die zuvor mit Druckerfarbe geschwärzten Buchstaben legten und mit einem schweren, flachen Stein darüberstrichen, so daß ein Abdruck entstand. Mit der Druckerpresse konnte man schneller und gleichmäßiger drucken als mit der alten Methode, und man erhielt ein sauberes Schriftbild.

■ Wie früher gedruckt wurde

Die Chinesen erfanden nicht nur das Papier, sondern sie entwickelten auch die ersten Holztafeln zum Drukken auf Papier.

● Für die Eltern

Die Chinesen benutzten schon lange Holzlettern, und diese Technik hatte auch in der übrigen Welt Verbreitung gefunden. Doch waren die Lettern leicht zerbrechlich und nur für wenige Kopien zu gebrauchen. Im 15. Jahrhundert erfand Johannes Gutenberg bewegliche Lettern aus einer Blei-Zinn-Legierung, die vielfach wiederverwendbar waren. Außerdem entwickelte er die Druckerpresse, die es ermöglichte, Bücher in großen Auflagen zu drucken.

Wer erfand die Glühbirne?

Antwort Vor Thomas Edison hatten schon viele versucht, eine Lampe zum Glühen zu bringen, aber keine hatte mehr als ein paar Sekunden geleuchtet. Der Glühfaden im Innern des Glaskolbens brannte stets im Nu durch. Thomas Edison testete Tausende verschiedener Materialien als Glühfaden. Schließlich fand er 1879 heraus, daß ein Kohlefaden am längsten hielt. Er verwendete ihn in seiner Glühlampe, die damit über 13 Stunden brannte.

■ **Die ersten Versuche**

▲ Eine von Edisons frühen elektrischen Glühlampen leuchtete nur wenige Minuten. Ein Platinfaden glühte etwas länger als eine Stunde.

Edison testete auf seiner Suche nach einem halt- bareren Glühfaden nahezu 6000 verschiedene Mate- rialien. Am Ende brachte ein Kohlefaden mit vielen Stunden Brenndauer das beste Ergebnis.

● Für die Eltern

Bei Experimenten mit Kohleglühfäden in einer Vakuum- röhre erfand Thomas Edison 1879 eine brauchbare elektri- sche Glühlampe. Aber da war noch ein Problem. Es be- durfte eines Systems zur Versorgung der Haushalte mit elektrischem Strom. Also machte er sich daran, einen Dy- namo zu entwickeln, der einen ganzen Stadtteil in New York City mit Strom versorgte. Als nächstes mußte er sich um das elektrische Leitungsnetz Gedanken machen. Des weiteren entwickelte er Schaltungen, Schalttafeln, Zähler, Sicherungen und Lampenfassungen. 1882 nahm er das erste Elektrizitätswerk in New York in Betrieb.

■ Der erfolgreichste Versuch

Eines der Materialien, die Edison ausprobierte,
war ein Glühfaden von einem Fächer aus Bambus.
Er brannte länger als viele andere pflanzliche
Fasern. Die verkohlte Bambusfaser erwies sich
als der am besten geeignete Glühfaden.

Wie entstand das Telephon?

Antwort Der Schall der menschlichen Stimme erreicht unser Ohr über Schwingungen, die er in der Luft hervorruft. Diese Schallwellen versuchte der gebürtige Schotte Alexander Graham Bell, in elektrische Impulse umzuwandeln, so daß man sie über große Entfernungen übermitteln konnte. Nach etlichen Experimenten war es 1876 endlich soweit: Bell konnte seinen Assistenten Thomas Watson, der sich im Nebenraum aufhielt, über das Telephon zu sich rufen. „Kommen Sie rüber, Watson", rief er, „ich habe was für Sie!"

■ **Bell beim Experimentieren mit dem Telephon**

■ Wettlauf der Erfinder

Elisha Gray hatte zur gleichen Zeit wie Bell ein Telephon entwickelt. Doch Bell meldete seine Erfindung zwei Stunden früher als Gray beim Patentamt an. Heute ist nur Alexander Bell als Erfinder des Telephons bekannt.

■ Edisons Verbesserungen

Bei Bells Telephon wurde zum Hineinsprechen und zum Hören ein und dasselbe Teil verwendet. Edison entwickelte dieses Modell weiter, indem er ein Telephon mit einer Sprech- und einer Hörmuschel konstruierte. Außerdem gelang es ihm, die Tonqualität zu verbessern.

● Für die Eltern

Bei Bells Telephon wurde der Schall durch die Schwingungen einer Metallmembran übertragen. Ein Elektromagnet wandelte die Schwingungen in elektrischen Strom um. Nun wurde der Schall in Form von elektrischem Strom durch ein Kabel zum Empfänger geleitet, wo nach demselben Verfahren die elektrischen Signale in Schall zurückverwandelt wurden. Da er sein Patent zwei Stunden später anmeldete als Bell, blieb Elisha Gray die gebührende Anerkennung für seine Erfindung versagt. Über ein Jahrzehnt führte er erfolglos einen Rechtsstreit gegen Bell.

Wer erfand das Radio?

Antwort Den Anfang machte 1895 der Italiener Guglielmo Marconi mit Versuchen zu einer drahtlosen Übertragungsanlage, die vorerst jedoch nur Morsezeichen – kurze und lange Signale – senden konnte. Es sollte noch elf Jahre dauern, bis andere Erfinder ein Radio entwickelten, mit dem sich der Klang der menschlichen Stimme und Musik übertragen ließ.

■ Die erste Sendung

Die erste Radioübertragung der Welt war ein Weihnachtsprogramm im Dezember 1906, das ein gewisser Reginald Fessenden von der Küste des amerikanischen Bundesstaates Massachusetts aus sendete. Das Programm konnte im Umkreis von 20 Kilometern auf dem Meer und an Land empfangen werden.

■ SOS von der *Titanic*

Als der Passagierdampfer *Titanic* im Jahr 1912 einen Eisberg rammte und zu sinken drohte, sendete der Bordfunker einen Hilferuf aus, indem er im Morsealphabet SOS funkte. Auf das Signal hin kam das Schiff *Carpathia* zu Hilfe und rettete über 700 Passagiere.

Generator

Reginald Fessenden

Elektronenröhre der ersten Radios

John Fleming

■ Empfang von Radiowellen

Der Engländer John Ambrose Fleming verwendete 1904 als erster eine Elektronenröhre, um elektromagnetische Wellen, zu denen Radiowellen gehören, zu empfangen. Sie regelte den Fluß des elektrischen Stroms, den der Generator des gebürtigen Kanadiers Reginald Fessenden lieferte.

● Für die Eltern

Das von Guglielmo Marconi erfundene erste drahtlose Übertragungssystem war eine telegraphische Vorrichtung zur Übermittlung von Morsesignalen. Die von John Fleming entwickelte Eletronenröhre konnte elektromagnetische Wellen im Radiofrequenzbereich auffangen und ermöglichte somit die Übermittlung von Musik und Sprache.

❓ Wer baute und flog das erste Flugzeug?

Antwort Die Brüder Orville und Wilbur Wright konstruierten das erste von einem Motor angetriebene Flugzeug, das man fliegen und lenken konnte. Sie verwendeten Teile aus ihrem Fahrradladen zum Bau eines Benzinmotors, der zwei Propeller hinter den Tragflächen antrieb. Der Pilot lag während des Fluges ausgestreckt auf dem Bauch.

■ Der Flug der Gebrüder Wright

1903 gelang den Gebrüdern Wright bei Kitty Hawk in North Carolina der erste erfolgreiche Flug. Nach zahlreichen Versuchen und einer Bruchlandung hielt sich das Flugzeug mit dem Namen *Flyer* (Flieger) 59 Sekunden in der Luft und legte 260 Meter zurück.

Die ersten Flugzeuge

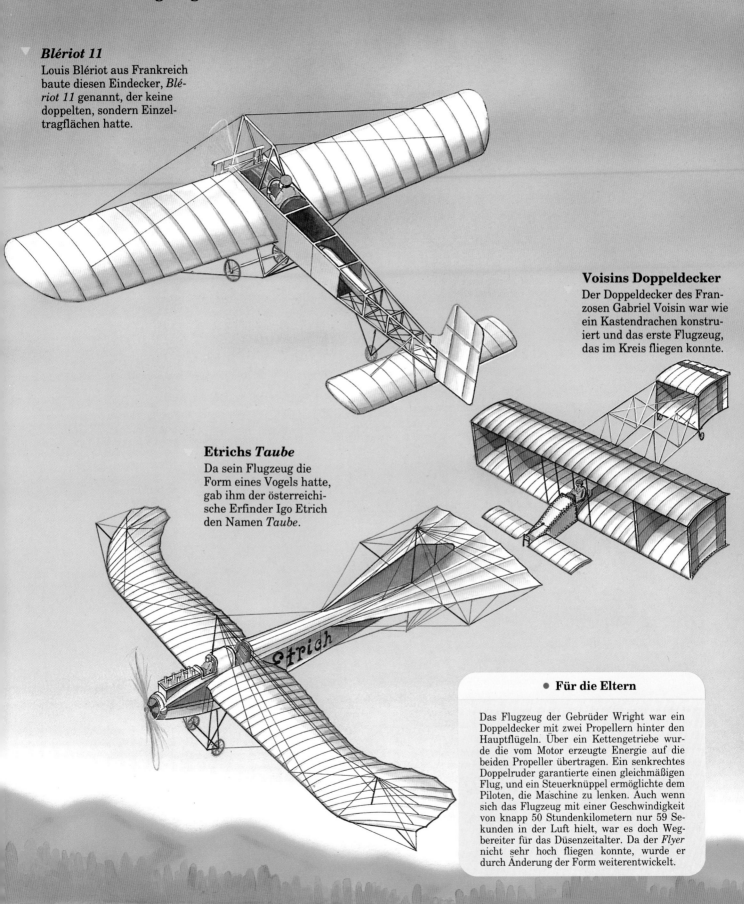

Blériot 11
Louis Blériot aus Frankreich baute diesen Eindecker, *Blériot 11* genannt, der keine doppelten, sondern Einzeltragflächen hatte.

Voisins Doppeldecker
Der Doppeldecker des Franzosen Gabriel Voisin war wie ein Kastendrachen konstruiert und das erste Flugzeug, das im Kreis fliegen konnte.

Etrichs *Taube*
Da sein Flugzeug die Form eines Vogels hatte, gab ihm der österreichische Erfinder Igo Etrich den Namen *Taube*.

● Für die Eltern

Das Flugzeug der Gebrüder Wright war ein Doppeldecker mit zwei Propellern hinter den Hauptflügeln. Über ein Kettengetriebe wurde die vom Motor erzeugte Energie auf die beiden Propeller übertragen. Ein senkrechtes Doppelruder garantierte einen gleichmäßigen Flug, und ein Steuerknüppel ermöglichte dem Piloten, die Maschine zu lenken. Auch wenn sich das Flugzeug mit einer Geschwindigkeit von knapp 50 Stundenkilometern nur 59 Sekunden in der Luft hielt, war es doch Wegbereiter für das Düsenzeitalter. Da der *Flyer* nicht sehr hoch fliegen konnte, wurde er durch Änderung der Form weiterentwickelt.

❓ Wie sahen die ersten Autos aus?

Antwort Das erste Auto, das je gebaut wurde, war mit Dampf betrieben. Es hatte vorn einen großen Kessel. Darin wurde Wasser erhitzt, um Dampf zu erzeugen. Der Dampf trieb den Motor des Autos an. Jahre später wurden Autos mit Benzin betrieben, für das ein kleinerer Tank ausreichte. Damit änderte sich auch das Aussehen der Autos.

▲ Das erste Auto der Welt, 1769 von dem Franzosen Nicolas-Joseph Cugnot gebaut, wurde nicht mit Benzin, sondern mit Wasserdampf angetrieben. Das Fahrzeug fuhr kaum schneller als drei Kilometer pro Stunde und war damit langsamer als ein Fußgänger.

■ Benzin als Treibstoff

Die ersten mit Benzin betriebenen Automobile wurden auch „pferdelose Kutschen" genannt. Die deutschen Ingenieure Carl Benz und Gottlieb Daimler gehören zu den Pionieren des motorgetriebenen Kutschenwagens.

▲ **Daimlers Vierradwagen (1889)**

◀ **Dreirädriger Wagen von Benz (1886)**

Das erste Auto für jedermann

In den Vereinigten Staaten konstruierte Henry Ford 1908 das Modell T – ein benzinbetriebenes Automobil, das erschwinglich war und leicht zu fahren. Viele Menschen wollten solch ein Auto haben. Das Modell T wurde so populär, daß zwischen 1908 und 1927 weltweit über 15 Millionen dieser Fahrzeuge verkauft wurden.

▲ Fords Vierradwagen (1896)

▼ Fords Modell T „Tin Lizzie" (1913)

> ● **Für die Eltern**
>
> Carl Benz und Gottlieb Daimler konstruierten unabhängig voneinander die ersten Automobile mit einem benzinbetriebenen Verbrennungsmotor. Henry Ford entwickelte sein eigenes Modell, normte die Einzelteile und rationalisierte die Montage, so daß er ein erschwingliches Auto anbieten konnte.

19

Wie funktionierte die erste Rakete?

Antwort 1926 startete der Amerikaner Robert Hutchings Goddard die erste Rakete mit flüssigem Treibstoff. Die mit einem Gemisch aus Benzin und flüssigem Sauerstoff betriebene Rakete schoß 2,5 Sekunden durch die Luft und erreichte dabei 12,50 Meter Höhe. Sie landete gut 56 Meter von der Abschußrampe entfernt.

Im unteren Teil der Rakete befanden sich zwei Tanks, einer mit flüssigem Sauerstoff und der andere mit Benzin gefüllt. Die Flüssigkeiten wurden in einer Kammer gemischt und verbrannt. Dabei entstanden heiße Gase, die mit einer solchen Kraft durch die Düse am unteren Ende der Kammer ausströmten, daß sie die Rakete in die Höhe trieben.

Benzin

Flüssiger Sauerstoff

■ Die Rolle des Schießpulvers

Im 9. Jahrhundert, als noch niemand an die Reise in den Weltraum dachte, erfanden die Chinesen das Schießpulver. Sie benutzten es für Waffen und um die ersten raketenähnlichen Geschosse in die Luft zu schießen.

Wie werden moderne Raketen angetrieben?

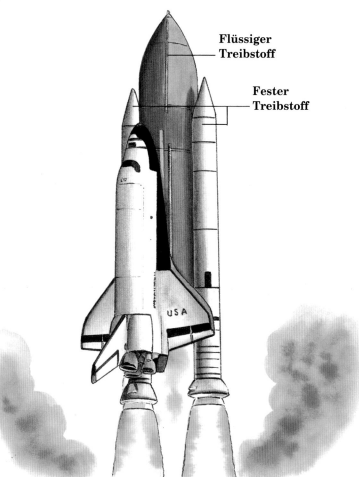

Flüssiger Treibstoff

Fester Treibstoff

Raumfähren werden von zwei Feststoffraketen und drei Haupttriebwerken angetrieben. Der feste Treibstoff besteht aus chemischen Substanzen, die denen des Schießpulvers der frühen Chinesen ähnlich sind. In den Triebwerken wird ein Gemisch von flüssigen Treibstoffen verbrannt, wie sie Goddard verwendete.

● Für die Eltern

Der russische Mathematiker Konstantin Ziolkowskij formulierte schon 1903 zahlreiche Theorien zur Raumfahrt. Er hatte Visionen von künstlichen Satelliten, Raketen mit Flüssigkeitsantrieb, Raumschiffen und Weltraumstationen. Der Amerikaner Robert Goddard experimentierte vor allem auf dem Gebiet des Raketenantriebs und startete 1926 die erste Rakete mit flüssigem Treibstoff. Bei Ausbruch des II. Weltkriegs entwickelten deutsche Wissenschaftler die V-2-Rakete, die auch als Waffe eingesetzt wurde. Ein ähnlicher Raketentyp fand später im Apollo-Programm Verwendung, mit dem erstmals Menschen zum Mond geschickt wurden.

❓ Seit wann gibt es Geld?

Antwort In früheren Zeiten lebten die Menschen in kleinen Gruppen und stellten alles, was sie zum Leben brauchten, selbst her. Als die Bevölkerung wuchs und Dörfer entstanden, mußten auch mehr Nahrungsmittel, wie Getreide, Gemüse und Obst, angebaut werden. Die Menschen begannen, ihre Produkte untereinander zu tauschen. Da jedoch einige Nahrungsmittel wertvoller waren als andere, wurde zur Vereinfachung der Tauschgeschäfte Geld eingeführt.

Wie viele Äpfel entsprechen dem Wert eines Fisches? Wenn ein Nahrungsmittel einen höheren Wert hatte als das andere, war ein reeller Tausch problematisch.

Zu den ersten Formen von Geld gehörten Muscheln oder Tonscherben mit Markierungen, die ihren Wert festlegten. Sie wurden zum Bezahlen von Waren verwendet, genauso wie wir es heute mit unseren Münzen und Geldscheinen tun.

■ Das erste Geld

Die Sumerer, die einst im Gebiet des heutigen Irak lebten, verwendeten kleine Tonmarken *(unten)* als Geld. Ihre Form stellte einen bestimmten Artikel dar, und ihre Größe zeigte die Menge an. Die Chinesen zahlten zuerst mit Kaurimuscheln. Später verwendeten sie Werkzeuge wie Spaten und Messer aus Bronze als Zahlungsmittel.

Tonmarken
3000 v. Chr.

Kaurimuschel
7. Jahrhundert
v. Chr.

Spaten-Münze
500 v. Chr.

Messer-Münze
300 v. Chr.

Frühe Münzen

Münzen müssen nicht nur hart, sondern auch klein genug sein, daß man sie mit sich herumtragen kann. Dafür eignet sich Metall am besten. Am wertvollsten sind Münzen aus Gold und Silber. Eine der frühesten Metallmünzen – es gab sie in Gold und Silber – stammt aus der Osttürkei *(unten links)*. Die ersten geprägten Münzen, z. B. das Krösus-Goldstück *(unten Mitte)* und die athenische Münze *(unten rechts)*, waren kunstvoll gestaltet. Wie die japanische Münze rechts hatten die Geldstücke in vielen Ländern ein Loch in der Mitte, damit man sie an einer Schnur mit sich tragen konnte. Das amerikanische 50-Dollar-Goldstück *(ganz rechts)* wurde 1851 geprägt.

Japanische Münze
7. Jahrhundert

50-Dollar-Goldstück
19. Jahrhundert

Lydische Münze
700 v. Chr.

Krösus-Münze
700 v. Chr.

Athenische Münze
500 v. Chr.

● Für die Eltern

Geld gibt es, seit Menschen in größeren Gruppen zusammenleben. Zunächst betrieben die Menschen Tauschhandel mit Naturalien, die sich von Region zu Region unterscheiden. In Äthiopien wurde Salz als Tauschmittel verwendet, in Südafrika Vieh, in Mittelamerika Mais und in Sibirien Pelze. Später entwickelte sich das Bedürfnis nach einem festen Wertmaßstab. Bereits im 7. Jahrhundert v. Chr. wurde das Muschelgeld als Zahlungsmittel durch Metallmünzen abgelöst. Heutzutage wird der Wert von Waren allgemein in der landesüblichen Währung bemessen.

Wie sahen die ersten Uhren aus?

Antwort Ganz früher brauchten die Menschen keine genaue Zeitmessung. Sie richteten sich bei der Einteilung ihres Lebensrhythmus nach Sonnenaufgang und -untergang und zählten die Jahre nach dem Kreislauf der Jahreszeiten. Vor etwa 3500 Jahren begannen die Menschen, durch geniale Erfindungen sichtbar zu machen, wie die Zeit verging.

Früher lasen die Menschen an der Stellung der Sonne am Himmel ab, wie spät es war. Im alten Ägypten dienten Steinmonumente, wie der Obelisk unten, als Sonnenuhr, deren länger werdender Schatten die Zeit anzeigte.

▲ **Eine griechische Wasseruhr**

Uhren, bei denen die Zeit abbrannte

Kerzenuhren. Bei einer Kerzenuhr waren die Stunden des Tages an einer Kerze durch numerierte farbige Abschnitte markiert. Jeder Abschnitt brannte in etwa einer Stunde herunter. An der obersten Zahl konnte man also ablesen, wie spät es gerade war.

Öllampenuhren. Einige Uhren verbrannten Öl, um die Zeit zu messen. Der Ölstand in der Lampe zeigte die jeweilige Stunde des Tages an.

■ Tragbare Uhren und Pendeluhren

Bei den ersten tragbaren Uhren bewegte eine sich abspulende Spiralfeder aus Metall einen einzelnen Zeiger weiter. Eine Pendeluhr wurde von einer Trommel in Gang gesetzt, an der Gewichte zogen. Die Drehung der Trommel wurde auf ein Hemmrad übertragen. Ein sogenannter Anker am oberen Ende des Pendelstabs griff in die Zahnung des Hemmrads.

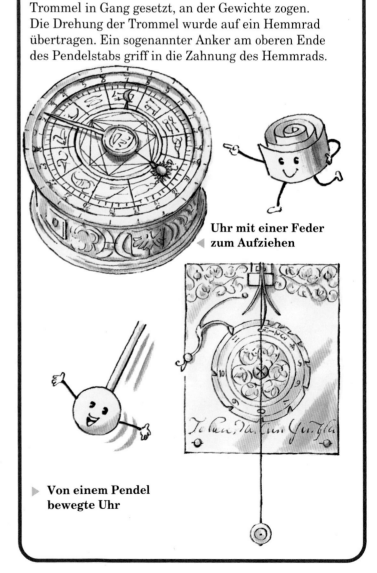

Uhr mit einer Feder zum Aufziehen

▶ **Von einem Pendel bewegte Uhr**

● Für die Eltern

Die ersten mechanischen Uhren wurden von herabhängenden Gewichten angetrieben und waren wuchtig und schwer. Sie dienten hauptsächlich als Kirchturmuhren. In Privathäusern fanden sie erst im 17. Jahrhundert Verbreitung, als die Erfindung von Uhren mit Spiralfedern und mit Pendelmechanismus kleinere Modelle ermöglichte. Die erste Armbanduhr fertigte Louis Cartier im Jahr 1907 für den Flieger Alberto Santos-Dumont an.

❓ Wann begannen die Menschen, mit Messer und Gabel zu essen?

Antwort In früheren Zeiten aßen die Menschen mit den Fingern. Für flüssige Speisen, wie Suppen, verwendeten sie Muschelschalen oder Holzscheite. Feste Nahrung schnitten sie mit behauenen Steinen, bevor sie Klingen aus Metall herstellten. Vor etwa 1000 Jahren begannen sie, auch gabelartige Eßgeräte aus Metall anzufertigen. Nach und nach veränderten sie Messer und Gabeln, bis diese die Form erhielten, die wir heute kennen.

◼ Löffel

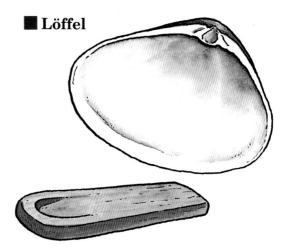

Zuerst aßen die Menschen mit Muscheln oder Holzstücken, die an einem Ende ausgehöhlt waren und schon eine gewisse Ähnlichkeit mit Löffeln hatten.

◼ Gabeln

Vor der Erfindung der Gabel spießten die Leute ihre Nahrung mit der Spitze ihres Messers auf.

28

Seit wann gibt es Eßstäbchen?

Die Eßstäbchen sind schon viel älter als unsere Gabeln. Die Chinesen aßen damit bereits vor 5000 Jahren. Sie wurden im Laufe der Zeit aus den unterschiedlichsten Materialien gefertigt. Ganz früher waren Stäbchen aus einem Stück wie eine Pinzette geformt.

Die Gabel wurde erfunden, nachdem das Messer den Menschen als Eßgerät nicht mehr genügte. Die Gabel entwickelte sich allmählich von einer Art Spieß zu der gewölbten Form mit den Zinken, wie wir sie heute benutzen. Mit dieser Form lassen sich die meisten Speisen gut aufnehmen.

● **Für die Eltern**

Muscheln und zu Löffeln geformte Holzstücke waren vermutlich die ersten Eßutensilien. Gabeln tauchten erstmals um das Jahr 1100 in Italien auf. Interessanterweise sollen sie nur zum Verzehr von Beeren und anderen Nahrungsmitteln verwendet worden sein, bei denen man sich sonst die Finger befleckt hätte. Als Katharina von Medici 1533 Heinrich II. heiratete, führte sie am französischen Hof die Gabel und italienische Tischsitten ein. Die Eßstäbchen kommen wahrscheinlich aus China, von wo aus sie auch in Korea, Japan und anderen asiatischen Ländern Verbreitung fanden.

Wozu verwenden wir Zahnpasta?

Antwort Schon lange bevor Zahnpasta erfunden wurde, reinigten die Menschen ihre Zähne, um Speisereste zu entfernen und sie gesund zu erhalten. Zuerst waren es nur die Könige und die Adligen, die dazu ein Pulver verwendeten, das mit Wasser zu einer Paste vermischt wurde. Bestandteile des Pulvers waren häufig feingemahlene Geweihe und Rinderhufe.

■ **Zutaten für Zahnpasta früher**

Kräuter

Gemahlene Geweihe

Honig

Gemahlene Hufe und Knochen vom Rind

■ **Fauchards Zahnpasta**

Seife und Schlämmkreide vermengte man zu einer Paste.

Korallen und Muscheln wurden zu einem Scheuerpulver vermahlen.

Ein Extrakt aus der Rinde des Seifenbaums wurde mit Wasser vermischt.

Der französische Zahnarzt Pierre Fauchard entwickelte im 18. Jahrhundert die erste Zahnpasta, die unserer heutigen ähnlich war. Fauchard tauchte einen Schwamm in warmes Wasser und putzte dann seine Zähne mit einer Mischung aus den oben abgebildeten Bestandteilen.

Woher stammt die Zahnbürste?

In früherer Zeit benutzten die Menschen keine Zahnbürsten, sondern spülten ihren Mund mit Wasser und rieben mit den Fingern über die Zähne. In einigen Ländern war es üblich, auf Holzstöckchen herumzukauen, bis die Enden borstig wurden wie ein Pinsel, und damit dann die Zähne zu putzen. Außerdem spitzten die Menschen kleine Hölzchen an und verwendeten sie wie Zahnstocher zum Entfernen von Essensresten zwischen den Zähnen.

▲ Kauholz

▲ Zahnstocher

Zahnbürsten wurden zuerst in China von hochrangigen Personen benutzt. Im Laufe der Zeit breitete sich diese Sitte von dort nach Europa aus.

● Für die Eltern

Der früheste Hinweis auf Zahnpulver stammt aus dem alten Ägypten, wo es kosmetischen und hygienischen Zwecken diente. Zu einer Paste verarbeitet, wurde es mit dem Finger auf die Zähne gerieben. Schon 1498 gab es in China Zahnbürsten. Aber erst seit dem 18. Jahrhundert, als die Menschen den Zusammenhang zwischen Zahnpflege und Zahnerhalt erkannten, entwickelten sie Pulver und Pasten zur Zahn- und Zahnfleischpflege.

? Wann wurde zum ersten Mal Seife verwendet?

Antwort Schon seit Urzeiten verwendeten die Menschen eine Mischung aus Holzasche und Wasser, um den Schmutz aus ihrer Kleidung zu waschen. Das erste Stück Seife entstand, als jemand die Idee hatte, die Asche zusammen mit Tierfett in Wasser zu kochen und zu einem festen Riegel zu verarbeiten.

▲ Eine Art Seife kannten die Sumerer, die im Gebiet des heutigen Irak lebten, schon im 3. Jahrtausend v. Chr. Sie kochten eine Mischung aus Ziegenfett und Holzasche in Wasser, bis sich an der Oberfläche Schaum bildete. Wenn der Schaum dick wurde, schöpften sie ihn ab und ließen ihn zu Seife trocknen.

■ Erste Verbreitung im Mittelmeerraum

Mittelmeer

■ Frühe Waschmittel

Bevor es Seife gab, wuschen die
Menschen mit Pflanzensäften, die
gut schäumten. Sie kochten die
Rinde oder die Beeren des Seifenbaums oder die Früchte der Roßkastanie aus und verwendeten die
Flüssigkeit wie wir heute unsere
Waschmittel. Da es noch keine
Waschmaschinen gab, wuschen sie
in Bächen und Flüssen, indem sie
die Wäsche auf Steinen rubbelten,
mit einem Stock darauf einschlu-
gen oder mit den Füßen darauf
herumtrampelten.

▲ **Roßkastanie**

Olivenbäume

Die ersten Seifen wurden
aus tierischem Fett hergestellt und rochen deshalb
schlecht. Die Bewohner
der Mittelmeerländer ver-
wendeten statt Tierfetten
Olivenöl. Ihre Seife hatte
einen angenehmen Duft.

Mini-Info

Das Wort für Seife klingt
in vielen Sprachen ähn-
lich. Das alte japanische
shabon soll von *saboten*,
für Kaktus, kommen,
weil der Saft des Kaktus
wie Seife verwendet
wurde. Das deutsche
Wort „Seife" stammt aus
dem Germanischen und
hat über das Keltische
Eingang in die lateini-
sche Sprache (*sapo*) ge-
funden. Klangverwandt
sind auch das französi-
sche *savon*, das portu-
giesische *sabão* und das
englische *soap*.

● Für die Eltern

Seife stammt wahrscheinlich aus der Zeit der Sumerer, die zum
Waschen zunächst eine Mischung aus Holzasche und Wasser
verwendeten. Später vermengten sie die Asche mit tierischen
Fetten, wobei sie auf die Formel kamen: fünf Teile Kaliumcarbo-
nat (Pottasche) – aus der Asche von Buchenholz – vermischt mit
einem Teil Fett. Das Tierfett gab der Seife häufig einen ranzigen
Geruch. Außerdem war das Gemisch ätzend und nicht zur Kör-
perreinigung geeignet. Die reguläre Seifenherstellung begann im
8. Jahrhundert, als man das Geruchsproblem gelöst hatte. Die
Menschen begannen, aus Olivenöl und der Asche von Meeres-
algen angenehm duftende Seifen zu produzieren.

? Seit wann gibt es Brillen?

Bevor Augengläser erfunden wurden, benutzten die Menschen Kristalle und Edelsteine als Vergrößerungsglas. Die Brille, wie wir sie heute kennen, wurde im 13. Jahrhundert in Italien entwickelt. Bei der Arbeit mit gewölbtem Glas unterschiedlicher Dicke bemerkten Glasmacher dessen vergrößernde Wirkung. Das brachte sie auf die Idee, Glas zu Linsen zu schleifen und diese mit einem Drahtgestell zusammenzuhalten.

▲ Bevor es Brillen gab, wurden Kristalle als Lupen verwendet

■ Italienische Glasbläserei

Zur Glasherstellung werden Sand, Soda und Kalk zusammengeschmolzen. Aus dieser heißen, flüssigen Mischung blasen Glasbläser mit einem langen Rohr die verschiedensten Gebilde, ähnlich wie Seifenblasen. Eines Tages entdeckten italienische Glasbläser bei ihrer Arbeit, daß linsenförmige Glaskörper eine vergrößernde Wirkung haben.

▲ Die ersten Brillen hatten noch keine Bügel.

Brillentypen

▲ **Pince-nez.** Der Kneifer, französisch *pince-nez* („kneif die Nase"), klemmte fest auf dem Nasenrücken.

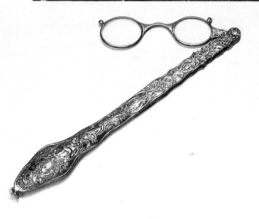

▲ **Lorgnette.** Eine Lorgnette war eine Brille an einem langen Stiel, mit dem man sie sich vor die Augen hielt.

▲ **Bügelbrille.** Die erste Brille mit Bügeln, die über die Ohren gelegt wurden, entstand im 18. Jahrhundert in England.

● Für die Eltern

Die älteste existierende Glaslinse datiert von etwa 700 v. Chr. und wurde in Ruinen in Assyrien gefunden. Es handelt sich um einen geschliffenen Kristall, mit dem man die Sonnenstrahlen zum Feuermachen bündelte. Glaslinsen als Sehhilfe kamen in Europa im 13. Jahrhundert und 14. Jahrhundert in Gebrauch. Die Glasmacher von Murano bei Venedig fertigten die ersten Glaslinsen an, hielten das Herstellungsverfahren aber geheim.

Wer erfand die Turnschuhe?

In kalten Ländern hüllten die Menschen ihre Füße in Tierfelle, bevor es Schuhe gab. In warmen Gegenden trugen sie meist gar keine Schuhe. In Südamerika schützten die Indianer ihre Fußsohlen, indem sie ihre Füße in Latex tauchten, einen milchigen Baumsaft, aus dem Gummi hergestellt wird. Daraus entwickelte sich der gummibesohlte Stoffschuh.

■ Wie Goodyear das Gummi verbesserte

In den 30er Jahren des 19. Jahrhunderts experimentierte Charles Goodyear mit Gummi, um es elastischer und haltbarer zu machen. Dabei verschüttete er versehentlich ein Gummi-Schwefel-Gemisch auf dem heißen Ofen. Als das Material erkaltete, hatte Goodyear die Vulkanisation erfunden – ein Verfahren, das Gummi vor dem Sprödewerden schützt. Diese Entdeckung machte es möglich, nicht nur Autoreifen, sondern auch gummibesohlte Turnschuhe herzustellen.

■ Schuhe aus aller Welt

Seit Jahrtausenden tragen die Menschen
Schuhe. Und diese waren schon immer so un-
terschiedlich wie die Sitten und Gebräuche in
den verschiedenen Ländern. Die alten Ägypter trugen Sandalen aus Leder oder geflochtenen Pflanzenfasern. Im antiken Rom trugen
die Senatoren als Zeichen ihres hohen Ranges
besondere Sandalen aus rotem Leder. Und in
Rußland halten die Leute ihre Füße seit Jahrhunderten mit dicken Filzstiefeln warm.

▲ In Indien haben die Slipper aus Stoff eine
aufgerollte Spitze.

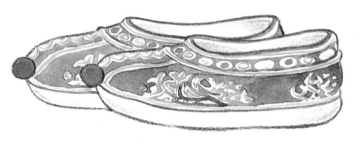

▲ Bei den Stoffschuhen aus China ist die
Sohle vorne etwas höher.

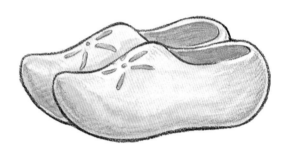

▲ In den holländischen Holzschuhen – den
Klompen – bleiben die Füße selbst bei
feuchtem und sumpfigem Boden trocken.

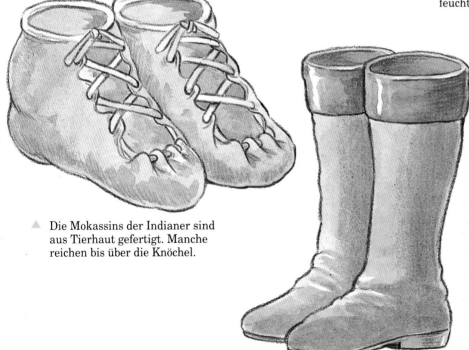

▲ Die Mokassins der Indianer sind
aus Tierhaut gefertigt. Manche
reichen bis über die Knöchel.

▲ Dort, wo es sehr kalt ist, tragen
die Menschen meistens Stiefel.

● Für die Eltern

Die ersten Schuhe im alten Ägypten
waren Sandalen aus geflochtenen
Papyrus-Streifen und wurden nur
von Angehörigen der Oberschicht getragen. Die Griechen fertigten Sandalen aus Leder, die Mauren ihre
Schuhe aus Schnur und Hanf. In
kalten Klimazonen wickelten sich
die Menschen Felle um die Füße.
Über Jahrtausende nähten Schuh-
macher Schuhe von Hand. Im 19.
Jahrhundert, nach der Erfindung
der Nähmaschine, begannen sie, die
Schuhe mit Hilfe von Leisten zu formen und sie maschinell zu nähen.
Das war der Beginn der Massenproduktion von Schuhen.

❓ Seit wann benutzen wir Schirme?

Antwort Schirme wurden in China schon vor 3000 Jahren vom Kaiser und anderen hochgestellten Personen am Hofe benutzt. Ein Schirm war damals mehr ein Zeichen des Ranges als ein Regenschutz. Im antiken Griechenland trugen die Damen einen Schirm, um sich vor der Sonne zu schützen.

■ Ein Männerschirm

Im 18. Jahrhundert war der Schirm als Sonnenschutz bei der europäischen Damenwelt in Mode. Bei den Männern war so etwas verpönt. Doch dann kam ein Engländer namens Jonas Hanway auf die Idee, einen Schirm zum Schutz gegen Regen zu benutzen. Er trug ihn stets bei sich, ob es regnete oder nicht. Zuerst spotteten die Leute über ihn, aber dann gelangten sie zu dem Schluß, daß es sinnvoll war, sich so vor Nässe zu schützen. Bald wurde der Schirm, der „Hanway" genannt wurde, geradezu ein Markenzeichen des englischen Gentlemans.

■ Wozu Schirme dienen können

▲ Im alten China hatten hochgestellte Persönlichkeiten Diener, die ihnen den Schirm trugen. Die Diener waren auch dazu da, mit Symbolen verzierte Schilder hochzuhalten, die den gesellschaftlichen Stand ihres Herrn anzeigten.

▲ Im antiken Griechenland schützten sich die Frauen des gehobenen Standes vor der stechenden Sonne mit Sonnenschirmen. Sonnenschirme wurden früher auch „Parasol" genannt. Das Wort bedeutet „Gegen die Sonne".

 # Regenschutz in früheren Zeiten

Bevor die Menschen Schirme benutzten, schützten sie sich vor dem Regen durch dichtgewebte Umhänge oder Mäntel und breitrandige Hüte.

● Für die Eltern

Die ersten Schirme in China hatten Gestelle aus Glyzinen- oder Sandelholz, die mit Blättern oder Federn bedeckt waren. Sie dienten vor allem als Statussymbol. Die alten Ägypter bespannten das Gestell mit Papyrus. Lange Zeit wurden Schirme nur als Schutz vor Sonnenstrahlen benutzt. 1750 spannte der Engländer Jonas Hanway zum ersten Mal einen Schirm als Regenschutz auf. Auch wenn er Spott erntete, war es doch eine vernünftige Idee. Zunächst galt es als unschicklich für einen Mann, einen Schirm zu tragen, und Soldaten war die Benutzung gänzlich untersagt. Aber schließlich kam der Schirm in Mode. In den 40er Jahren des 19. Jahrhunderts präsentierte Henry Holland Stahlspeichen für Schirme, was zur Massenproduktion von Schirmen führte. Der zusammenschiebbare Schirm, der Knirps, wurde 1928 in Deutschland erfunden.

Wie sahen die ersten Spiegel aus?

(Antwort) Der einfachste Spiegel ist das Wasser. Die Menschen entdeckten früh, daß sie in Teichen und Pfützen ihr Spiegelbild sehen konnten. Später fanden sie auch Steine – wie den glänzenden, schwarzen Obsidian –, in denen sie sich spiegeln konnten. Aber Wasser und Steine haben den Nachteil, daß das Spiegelbild nie ganz deutlich ist. Nachdem die Menschen gelernt hatten, Metall blank zu polieren, benutzten sie zunächst Bronzespiegel. Die heutigen Spiegel sind aus Glas, das mit einer Silberschicht überzogen ist.

■ **Spiegel aus Obsidian**

In früher Zeit wurde Obsidian, ein vulkanisches Gestein, das wie schwarzes Glas aussieht, als Spiegel benutzt.

◀ **Obsidian**

40

■ Bronzespiegel

Bronze ist eine Metallmischung aus Kupfer und Zinn, die von frühen Kulturen entwickelt wurde. Metallhandwerker stellten fest, daß man sich in einer gründlich polierten Bronzeplatte spiegeln konnte – natürlich nicht so gut wie in heutigen Spiegeln.

▲ Ein asiatischer Spiegel

▲ Ein europäischer Spiegel

■ Italienische Spiegel

1508 erfanden venezianische Glasmacher einen Spiegel aus Glas. Sie beschichteten die Rückseite einer Glasplatte mit einer Zinn-Quecksilber-Mischung. Die blanke Fläche lieferte hervorragende Spiegelbilder.

● Für die Eltern

Wasser wurde seit undenklichen Zeiten als Spiegel benutzt. Tragbare Spiegel, wie die aus Obsidian oder Bronze, galten als Kostbarkeit. Der von venezianischen Glasmachern erfundene mit einer Zinn-Quecksilber-Legierung beschichtete Glasspiegel war so revolutionär, daß sein Herstellungsverfahren lange Zeit ein wohlgehütetes Geheimnis blieb. Ab etwa 1840 ersetzte man die Zinn-Quecksilber-Legierung durch eine Silberschicht. Venedig wurde im 16. Jahrhundert zum Zentrum der Spiegelindustrie. Neue Guß- und Walzverfahren machten die Herstellung sehr großer, ebener Spiegel möglich.

Wie entstanden Hula-Hoop, Frisbee und Jo-Jo?

Antwort Kinder denken sich häufig selbst Spiele aus. Vermutlich spielten Kinder schon vor 2000 Jahren mit Reifen. Sie ließen sie vor sich her rollen und trieben sie mit Stöcken an. Als sie schließlich keine Lust mehr hatten, hinter ihrem Reifen herzulaufen, kamen sie möglicherweise auf die Idee, ihn um die Hüfte kreisen zu lassen. Daraus wurde später Hula-Hoop.

■ Die Vorläufer der Hula-Hoop-Reifen

■ Fliegende Teller

Urheber der Frisbees – der Plastikscheiben, die man durch die Luft schleudert – waren amerikanische Studenten, die sich aus Spaß in der Mensa ihre leeren Teller zuwarfen.

■ Rollende Scheiben

Das ursprüngliche Jo-Jo war ein altes chinesisches Spielzeug, das aus zwei miteinander verbundenen Elfenbeinscheiben bestand, die man an einer Seidenschnur auf- und abrollen ließ.

● Für die Eltern

Hula-Hoop war in den 50er Jahren groß in Mode, bis Ärzte feststellten, daß das Reifenspiel für Rücken und Nacken schädlich ist. Frisbee ist eine abgewandelte Schreibweise des Namens, der auf den Pasteten-Blechformen der Frisbie Pie Company aus Bridgeport in Connecticut eingeprägt war. Drei amerikanische Universitäten – Harvard, Princeton und Yale – erheben den Anspruch, das Spiel in den 40er Jahren hervorgebracht zu haben, als Studenten anfingen, einander die leeren Teller zuzuwerfen. Das Jo-Jo diente in Südostasien einst als Waffe und wurde von französischen Missionaren nach Frankreich mitgebracht.

? Wer hat sich das erste Puzzle ausgedacht?

Antwort John Spilsbury, ein junger Drucker und Kartograph in England, ersann 1760 eine Methode, um Schülern spielerisch Erdkunde beizubringen. Er zog Landkarten auf Holzplatten auf und zertrennte sie mit einer Laubsäge nach Ländern und Regionen. Beim Zusammensetzen der Teile lernten Kinder sehr viel über die einzelnen Länder der Erde. Inzwischen gibt es Puzzles mit allen möglichen Motiven und bis zu 5000 Teilen. Sie sind bei Erwachsenen ebenso beliebt wie bei Kindern.

■ Verschiedene Puzzle-Spiele

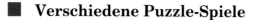

◀ Farb-Puzzle
Bei diesem Zusammenlegspiel geht es darum, die neun Bilder so zu einem Viereck anzuordnen, daß bei keinem der Bälle eine Farbe zweimal vorkommt.

▼ Schiebe-Puzzle
Beim Schiebe-Puzzle muß der Spieler die durcheinandergeratenen Zahlen in richtiger Reihenfolge anordnen, indem er sie über das leere Feld verschiebt.

▼ Zauberwürfel
Der ungarische Architekt Erno Rubik ließ sich ein Puzzle einfallen, um seinen Studenten die Dreidimensionalität des Raumes deutlich zu machen. Er entwickelte den Zauberwürfel und brauchte selbst einen Monat, das Puzzle zu lösen.

• Für die Eltern
Puzzles haben jung und alt schon immer in den Bann gezogen. Die ersten Puzzles kamen in den 60er Jahren des 18. Jahrhunderts aus John Spilsburys Laden für Druckerzeugnisse und waren in Teile zerlegte Landkarten. Gegen Ende des 19. Jahrhunderts brachten deutsche und österreichische Hersteller Puzzles aus dünnen Holztafeln mit klassischen Märchenszenen und romantisierenden Kinderdarstellungen auf den Markt. Mit dem Aufkommen von Pappe um die Jahrhundertwende ließen sich Puzzles billig produzieren und wurden, mit allen erdenklichen Motiven, auch bei Erwachsenen sehr populär.

? Wie sahen die ersten Fahrräder aus?

Antwort Das erste Zweirad wurde 1817 gebaut. Es hatte Holzräder und noch keine Pedale. Der Fahrer mußte sich mit den Füßen vom Boden abstoßen. Die Erfindung von Pedalen, Ketten, Bremsen und Gummireifen machte das Radfahren schon bald bequemer.

▲ Macmillans „Steckenpferd"

Ein schottischer Schmied namens Kirkpatrick Macmillan kam als erster auf die Idee, das Fahrrad mit Pedalen zu versehen. Er nannte das Gefährt *hobbyhorse* (deutsch: „Steckenpferd"). Die Pedale waren unterhalb des Lenkers angebracht und durch lange Stangen mit der Achse des Hinterrads verbunden. Sie wurden als Tretkurbeln bezeichnet und durch Auf- und Abbewegen betätigt.

◄ Michaux's Veloziped

In Frankreich bauten Pierre Michaux und sein Sohn Ernest 1867 das Veloziped, ein Fahrrad, bei dem das Vorderrad größer war als das Hinterrad. Die Pedale saßen am Vorderrad, und die Holzreifen hatten Eisenfelgen.

Das Hochrad

Das Hochrad war schneller als das Veloziped, weil sein Vorderrad viel größer war als das Hinterrad. Schon bei einer Umdrehung der Pedale legte es eine erstaunliche Strecke zurück. Damit der Fahrer leichter in die Pedale treten konnte, befand sich der Sattel über dem Vorderrad.

Das moderne Fahrrad

Da das Hochrad sehr gefährlich war, entwickelte man nach und nach Fahrräder, die sicherer waren. Schon vor 100 Jahren baute man Zweiräder mit zwei gleich großen Rädern, Gummireifen, Kettenantrieb und Bremsen. Heutzutage gibt es Fahrräder für fast jeden Zweck, z. B. Rennräder, Tourenräder, Mountainbikes oder BMX-Räder.

• Für die Eltern

1818 ließ der deutsche Erfinder Karl Freiherr von Drais das erste Zweirad, das eigentlich ein Laufrad war, patentieren. Es wurde durch Abstoßen mit den Füßen vorwärts bewegt. 20 Jahre später rüstete der schottische Schmied Kirkpatrick Macmillan das Zweirad mit Pedalen aus, die an Stangen am Lenker aufgehängt waren. Bei der nächsten Fahrradgeneration befanden sich die Pedale am Vorderrad. Schneller als andere Zweiräder war das Hochrad mit seinem überdimensionalen Vorderrad. Das moderne Zweirad mit der Anordnung der Pedale zwischen den Rädern und der Verlagerung des Antriebs durch Zahnräder und Kette auf das Hinterrad entwickelte im Jahr 1879 der Engländer H. J. Lawson. 1888 erfand John Dunlop, ein Tierarzt aus Belfast, den Luftreifen. Die neue Bereifung und der Hinterradantrieb machten das Fahrrad zu einem beliebten Fortbewegungsmittel.

? Seit wann gibt es Feuerwerkskörper?

Antwort Vor fast 1000 Jahren erfanden die Chinesen Feuerwerkskörper. Sie stopften Holzkohle, Schwefel und Salpeter in ein Bambusrohr, zündeten das Gemisch an und warfen das Rohr in die Luft. Diese Neuheit verbreitete sich zunächst bis in den Nahen Osten und von dort bis nach Europa. Die ersten Feuerwerkskörper waren eigentlich nur fliegende Knallkörper, die viel Krach und Rauch verursachten. Im 19. Jahrhundert gelang es erstmals in Italien, durch Hinzufügen anderer Chemikalien ein Feuerwerk mit gelben und orangefarbenen Blitzen zu erzeugen.

■ **Italienisches Feuerwerk**

■ Feuerwerk in China

Die ersten Feuerwerkskörper wurden in China an Festtagen gezündet und machten sehr viel Krach. Die Chinesen glaubten, damit böse Geister vertreiben zu können.

■ Modernes Feuerwerk

Heutzutage gibt es Feuerwerkskörper, die in herrlichen Farben aufleuchten, von Gelb und Rot bis Grün und Blau, und phantastische Muster an den dunklen Nachthimmel zaubern.

• Für die Eltern

Feuerwerkskörper wurden erfunden, nachdem die Chinesen das Schießpulver entdeckt hatten. Als Grundlage für Feuerwerkskörper diente eine Mischung aus Schwefel, Salpeter und Holzkohle, die in ein Bambusrohr gefüllt und entzündet wurde. Die Sprengkörper wurden in die Luft geschleudert und entluden sich in lautstarken Explosionen. Feuerwerke dienten in China der Volksbelustigung. Im 16. Jahrhundert wurde die Bezeichnung Feuerwerk in Europa vor allem für Schießpulver und Munition verwendet. Ausgehend von Florenz, verbreiteten sich die Vergnügungsfeuerwerke an den europäischen Fürstenhöfen als Höhepunkt glanzvoller Feste.

❓ Wie entstand der Bleistift?

(Antwort) Im Altertum benutzte man kleine Blei-
scheiben zum Vorzeichnen von Hand-
schriften. Im 14. Jahrhundert wurden
Zeichnungen mit einem Bleigriffel angefer-
tigt. Seit der Entdeckung von Graphit
1565 stellt man Bleistifte aus diesem wei-
chen, kohleartigen Mineral her. Da sich
Graphit bei Gebrauch aber verformt oder
bröckelt, mußte eine stabile Hülle dafür
gefunden werden, damit man es zum
Schreiben in der Hand halten konnte.

▲ Zunächst legte man
ein Graphitstäbchen
zwischen zwei Holz-
stücke, die mit Bind-
faden zusammenge-
halten wurden.

Graphit eignete sich zwar gut zum Schreiben,
es zerbröckelte jedoch leicht, und der Benutzer
beschmierte sich damit die Hände.

▼ Um Graphit härter zu machen,
fügte man die unterschiedlichsten
Substanzen bei. Der Franzose
Conté fand schließlich die Mischung, die bis heute für Bleistift-
minen verwendet wird: Graphitstaub und Ton.

■ Härtegrade

Es gibt Bleistifte in den verschiedensten Härtegraden. Sie werden durch Buchstaben und Zahlen angegeben, die von sehr weich und schwarz bis zu hart und nicht so dunkel reichen. H bedeutet sehr hart, F hart, HB mittel und B weich.

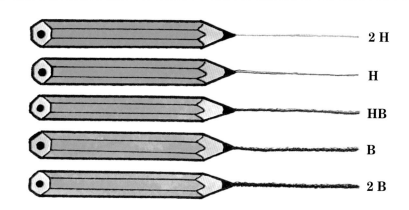

2 H

H

HB

B

2 B

■ Federleicht

Tausend Jahre schrieben die Menschen mit dem Kiel einer Feder aus dem Gefieder von Gänsen. Der Federkiel wurde angespitzt und zum Schreiben in Tinte getaucht.

■ Moderne Stifte

Der Amerikaner Lewis Edson Waterman erfand 1884 den ersten brauchbaren Füllfederhalter. Ein funktionsfähiger Kugelschreiber wurde 1935 von den Ungarn Lazlo und Georg Biro entwickelt.

● Für die Eltern

1564 wurden in England ungewöhnlich reine Graphitvorkommen entdeckt. Dieses Material ließ sich, in Stäbchen geschnitten, zum Schreiben benutzen, war aber sehr weich und zerbröckelte leicht. 1761 begann Kaspar Faber mit der Produktion von Graphitstiften, die aus einer Mischung von Graphitstaub, Schwefel und Harzen bestanden. 1795 gelang dem Franzosen Nicolas-Jacques Conté die Herstellung härterer Graphitstäbchen aus einem Gemisch von Graphitstaub und Ton. Graphit kommt heute aus Mexiko und Sri Lanka.

Wer konstruierte die ersten Rollschuhe?

Antwort Vor den Rollschuhen gab es bereits Schlittschuhe. Sie waren in Ländern verbreitet, in denen die Gewässer im Winter zugefroren waren, wie in Holland und Belgien. Der Belgier Joseph Merlin ersetzte die Kufen der Schuhe durch Räder, mit denen er auch über nicht vereiste Flächen gleiten konnte. 1760 erschien er Violine spielend mit Rollschuhen an den Füßen auf einem Maskenball in London. Da er mit dem Bremsen noch Probleme hatte, endete seine Vorführung in einem zertrümmerten Spiegel.

■ Die ersten Rollschuhmodelle

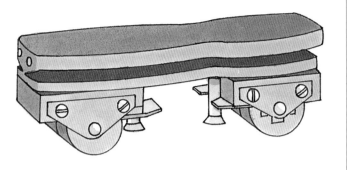

Könnte ich doch das ganze Jahr über Schlittschuh laufen!

▲ Nach Joseph Merlins Vorführung seiner Erfindung in London trat ein Sänger an der Pariser Oper bei der Darstellung einer Eislaufszene mit Rollschuhen an den Füßen auf. Als es noch keine Kunsteisbahnen gab, vergnügten sich viele Menschen auf Rollschuhen wie denen oben links. Der erste Rollschuh, mit dem man sich drehen und mit dem man bremsen konnte, ist rechts zu sehen.

■ Moderne Rollschuhe

Inzwischen gibt es Rollschuhe in den verschiedensten Ausführungen. Manche haben Walzen und sind sehr beweglich, so daß man Figuren laufen und Pirouetten drehen kann. Sogenannte Rollerblades, bei denen die Räder in einer Reihe angebracht sind, sind besonders zum Schnellaufen geeignet.

● Für die Eltern

Der belgische Fabrikant Joseph Merlin erfand 1759 die Rollschuhe. Um für seine Erfindung zu werben, erschien er zu einem Londoner Maskenball Violine spielend und auf Rollschuhen. Leider brachte dieser Auftritt nicht die erwünschte Popularität für sein Produkt, da ein teurer Spiegel dabei zu Bruch ging. Nach der Weiterentwicklung der Rollschuhe wurde 1790 in Paris das erste Patent angemeldet. Populär wurde das Rollschuhlaufen aber erst 1884, als Rollen mit Kugellager aufkamen. Mit den modernen Rollerblades können Läufer eine Geschwindigkeit von 70 km/h erreichen.

Wer erfand den Reißverschluß?

Antwort Bis zur Erfindung des Reißverschlusses konnten die Menschen ihre Kleidung und ihre Schuhe nur mit Knöpfen und Schnürbändern verschließen. Der Amerikaner Whitcomb Judson erfand 1891 einen Verschluß aus winzigen Haken und Ösen. Doch dieser erste Reißverschluß ging immer wieder auf. Ein schwedischer Ingenieur namens Gideon Sundback entwickelte Judsons Erfindung weiter und schuf den ersten Reißverschluß mit ineinandergreifenden Metallzähnen.

▲ **Überschuhe mit Reißverschluß**

■ **Schnürbänder ade**

Früher hatten Schuhe und Stiefel häufig hohe Schäfte. Viele Leute waren es leid, sie zu schnüren. Mit einem Reißverschluß ließen sich Stiefel im Nu schließen.

■ Die ersten Reißverschlüsse

Im Ersten Weltkrieg wurde die neue Erfindung von der amerikanischen Armee getestet. Es zeigte sich, daß man für Uniformen mit Reißverschlüssen weniger Stoff benötigte als für geknöpfte. Und so begann man, Fliegeranzüge mit Reißverschlüssen auszustatten.

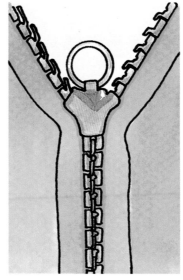
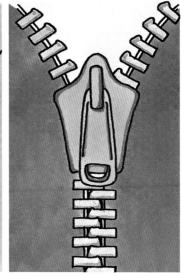

▲ Reißverschluß von 1906

▲ Heutiger Reißverschluß

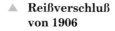 Wie funktioniert der Reißverschluß?

Ein Reißverschluß besteht im wesentlichen aus zwei Reihen von Schließketten mit Metallzähnen, die mit einem sogenannten Schieber ineinandergehakt und wieder auseinandergehakt werden.

● Für die Eltern

1893 ließ Whitcomb L. Judson aus Chicago eine reißverschlußähnliche Erfindung patentieren, die Knöpfe und Schnürbänder ersetzen sollte. Das Verschließen war jedoch relativ schwierig und funktionierte nicht zuverlässig. Der Schwede Gideon Sundback entwickelte einen Reißverschluß mit ineinandergreifenden Metallzähnen, den er 1913 zum Patent anmeldete, nachdem er eine Maschine zu dessen Herstellung konstruiert hatte. Seinen Durchbruch erzielte der neue Verschluß, als die B. F. Goodrich Company Gummi-Überschuhe damit ausstattete und als „Zipper"-Schuhe auf den Markt brachte. Die englische Bezeichnung *zipper* für die neue Erfindung ist eine lautmalerische Wiedergabe der Öffnungs- und Schließbewegung. In Österreich ist der Name Zipp oder Zippverschluß für Reißverschluß gebräuchlich.

55

Wer erfand den Klettverschluß?

Antwort Als der Schweizer Erfinder Georges de Mestral 1948 eine Wanderung in den Alpen unternahm, war er hinterher damit beschäftigt, die vielen Kletten von seiner Kleidung zu entfernen. Als er sie sich genauer ansah, stellte er fest, daß sie an den Enden winzige Häkchen hatten, die sich in die Schlingen von Textilien einhakten. Die Kletten brachten ihn auf die Idee, einen Verschluß mit ähnlichen Häkchen und Schlaufen für Kleidung auszutüfteln. Mestral arbeitete sechs Jahre lang an der Erfindung. Dann konnte er seinen Klettverschluß vorstellen.

▲ Pflanzenfrüchte wie Kletten bleiben mit winzigen Häkchen im Fell von vorbeistreifenden Tieren hängen. So werden die Samen in andere Gebiete getragen.

■ **Idee aus der Natur**

56

■ Wie Klettverschlüsse funktionieren

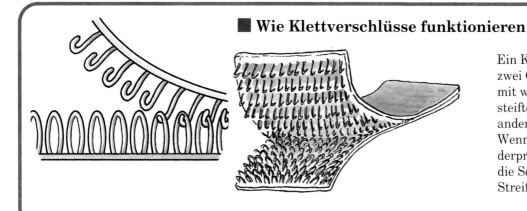

Ein Klettverschluß besteht aus zwei Gewebestreifen. Der eine ist mit winzigen Häkchen aus versteiftem Nylonfaden besetzt, der andere mit kleinen Schlaufen. Wenn man die Streifen aufeinanderpreßt, haken die Häkchen in die Schlingen ein, und beide Streifen sind fest verbunden.

❓ Wozu sind Klettverschlüsse gut?

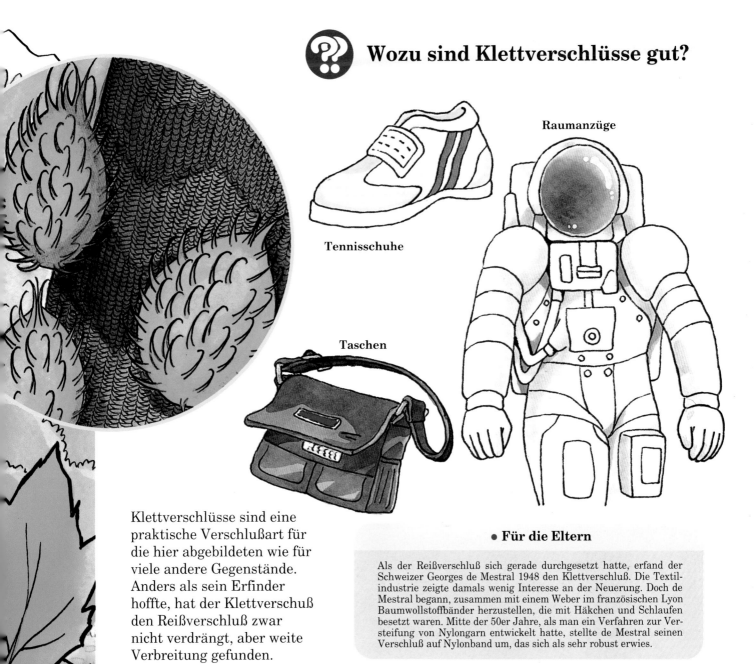

Raumanzüge

Tennisschuhe

Taschen

Klettverschlüsse sind eine praktische Verschlußart für die hier abgebildeten wie für viele andere Gegenstände. Anders als sein Erfinder hoffte, hat der Klettverschluß den Reißverschluß zwar nicht verdrängt, aber weite Verbreitung gefunden.

● Für die Eltern

Als der Reißverschluß sich gerade durchgesetzt hatte, erfand der Schweizer Georges de Mestral 1948 den Klettverschluß. Die Textilindustrie zeigte damals wenig Interesse an der Neuerung. Doch de Mestral begann, zusammen mit einem Weber im französischen Lyon Baumwollstoffbänder herzustellen, die mit Häkchen und Schlaufen besetzt waren. Mitte der 50er Jahre, als man ein Verfahren zur Versteifung von Nylongarn entwickelt hatte, stellte de Mestral seinen Verschluß auf Nylonband um, das sich als sehr robust erwies.

❓ Wie kam es, daß Bluejeans so beliebt wurden?

(Antwort) Um 1850 zog Levi Strauss, ein junger Schneider aus Bayern, nach Kalifornien, um nach Gold zu suchen. Da die Goldgräber bei ihrer harten Arbeit häufig ihre Hosen zerschlissen, beschloß Levi Strauss, statt nach Nuggets zu graben lieber Hosen aus festem Segeltuch zu nähen. Er verwendete dafür Segeltuch aus dem italienischen Genua, das französisch Gênes hieß und sich, amerikanisch ausgesprochen, wie „Jeans" anhörte. Die Hosen waren so strapazierfähig, daß jeder sie haben wollte.

■ Ein robustes Kleidungsstück

■ Die ersten Jeans

Levi Strauss nähte die ersten Jeans aus dem gleichen gelblichweißen Material, das auch für Zelte und Wagenplanen verwendet wurde.

Wie wurden die Jeans blau?

Die hellen Jeans wurden bei der Arbeit in den Goldminen sehr schnell schmutzig. Strauss färbte den Stoff deshalb mit Indigo, einem damals vielverwendeten natürlichen Farbstoff.

▲ Der Farbstoff wurde aus dem Saft der Blätter und Stengel des Indigostrauches gewonnen.

● Für die Eltern

Nach dem großen Erfolg seiner Segeltuchhosen ersetzte Levi Strauss das feste Material durch einen etwas weicheren Stoff, der als Denim bekannt wurde, da er als *serge de Nîmes*, nach der gleichnamigen französischen Stadt, im Handel war. Obgleich das Gewebe sehr robust war, rissen die Hosentaschen noch immer leicht aus durch das schwere Werkzeug, das die Goldgräber hineinsteckten. Aus diesem Grund befestigte Strauss die Taschen und Nähte zusätzlich mit Kupfernieten.

Wer hat sich die Regeln des Fußballspiels ausgedacht?

Antwort In England wurde nachweislich bereits im 12. Jahrhundert Fußball gespielt. Obgleich die Leute Spaß daran hatten, kam es unter den Spielern immer wieder zu Raufereien mit vielen Verletzten. Um das Fußballspielen ungefährlicher zu machen, wurden 1862 in England die sogenannten Cambridge-Regeln festgelegt, die noch heute im wesentlichen gültig sind. In Deutschland wurde das Fußballspiel zuerst an den höheren Schulen Braunschweigs eingeführt.

■ **Fußballspiel früher**

Andere
Ballspiele

Kricket

Kricket wird mit zwei Mannschaften aus je elf Spielern gespielt. Es stehen sich immer ein
Werfer der einen Mannschaft
und ein Schlagmann der anderen Mannschaft gegenüber.

Baseball

Baseball ist ein Schlagballspiel, das sich vor allem in
den USA großer Beliebtheit erfreut. Es hat sich aus dem
englischen Nationalspiel Kricket entwickelt. Es wird
von zwei Mannschaften aus je neun Spielern mit einem
Schlagholz und einem Ball auf einem Spielfeld mit vier
Malen (einem Schlagmal und drei Laufmalen) gespielt.

Basketball

Basketball wurde von einem amerikanischen
Hochschullehrer als ein Spiel erdacht, das man
im Winter drinnen spielen konnte. Anfangs
wurde mit einem Fußball gespielt, der von zwei
gegnerischen Mannschaften in hoch aufge-
hängte Holzkörbe geworfen werden mußte.

● Für die Eltern

Ballspiele waren schon bei den Maya und Azteken bekannt,
wurden dort aber als religiöse Kulthandlungen zelebriert.
Vorläufer der modernen Ballspiele wie beispielsweise Fußball, Schlagball, Hockey waren auch im Mittelalter schon
sehr beliebt. In England spielten die Mannschaften aus verschiedenen Städten nach unterschiedlichen Regeln Fußball,
bevor 1862 die englischen Clubs allgemeingültige Regeln auf-
stellten. Verboten wurde dabei auch der Einsatz der Hände,
was Fußball von Rugby unterscheidet. Das erste Baseball-
Team wurde in den Vereinigten Staaten 1845 aufgestellt,
und das Spiel wurde bald zum Nationalsport. Basketball
geht auf James Naismith zurück, der es 1891 als Spiel für die
Hallensaison entwickelte und auch die Regeln, wie die Ball-
größe und die Zahl der Spieler pro Mannschaft, festlegte.

Wer machte das Sandwich populär?

Antwort Vor über 200 Jahren spielte ein englischer Lord – der 4. Earl of Sandwich – so leidenschaftlich gern Karten, daß er nicht einmal zum Essen das Spiel unterbrechen wollte. Er ließ sich von seinem Diener ein Bratenstück zwischen zwei Brotscheiben bringen, um mit einer Hand essen zu können, während er weiterspielte.

■ Sandwiches auf vielerlei Art

Sandwiches sind vor allem in England sehr beliebt. Traditionell bestehen sie aus zwei mit Butter bestrichenen Toastbrotscheiben mit Käse, Wurst, Schinken oder Eiern sowie Tomaten und Salatblättern dazwischen. Heute sind sie auch in anderen Ländern weit verbreitet und können auch aus Baguettebrot oder Brötchen bestehen.

Hot dog

Käse-Schinken-Baguette

Sandwich mit Käse, Salat und Tomate

 ## Woher kommen „Hamburger"?

In Hamburg wurde Fleisch früher geklopft und zerkleinert, damit es zarter wird. Auswanderer brachten dieses Rezept wahrscheinlich mit nach Amerika und servierten das Hackfleisch gebraten zwischen zwei Scheiben Brot.

● Für die Eltern

Der englische Politiker John Montagu, 4. Earl of Sandwich, war ein zwanghafter Spieler. Zeitweise wollte er den Spieltisch nicht einmal verlassen, um eine Mahlzeit einzunehmen. 1762 soll er seinen Butler angewiesen haben, ihm Fleisch zwischen zwei gebutterten Scheiben Brot zu bringen, um das Spiel zum Essen nicht unterbrechen zu müssen. Auch wenn diese Art von Snack schon vorher bekannt war, fanden die Leute doch Gefallen an der Geschichte, und das Sandwich setzte sich durch. Das gebratene Rinderhackfleisch zwischen zwei Brötchenhälften ist mittlerweile als „Hamburger" überall in der Welt beliebt.

Seit wann gibt es Eiscreme?

Antwort Die erste eisähnliche Speise wurde vor 4000 Jahren dem Kaiser von China serviert. Seine Köche bereiteten ihm ein Dessert aus Früchten und Saft und stellten es zum Kühlen in Schnee. Etwa 2000 Jahre später hatten die Römer die gleiche Idee, als Kaiser Nero von den Bergen Eis holen ließ, um damit Früchte zu kühlen.

■ Eine Köstlichkeit aus Neapel

Seit dem 19. Jahrhundert ist Eiscreme sehr beliebt. Der Italiener Procopio Cultelli führte in seinem Laden in Paris Eiscreme nach neapolitanischer Art in den Geschmacksrichtungen Vanille, Erdbeer und Schokolade ein.

■ Wie Eiscreme gemacht wird

Milch, Zucker und Aromastoffe werden in einem Gefäß vermischt, das sich in einem größeren, mit Eis und Salz gefüllten Behälter befindet.

Das innere Gefäß wird so lange gedreht, bis die Mischung gefriert.

■ Gefrorene Früchte

Der römische Kaiser Nero wies seine Köche an, Früchte in Kisten mit Eis zu packen. Wenn die Früchte halb gefroren waren, konnte man sie wie Fruchteis essen.

■ Fruchteis in China

In China gab es im 13. Jahrhundert Straßenhändler, die von Handkarren Fruchteis verkauften.

● Für die Eltern

Schon früh verstanden die Chinesen, Säfte zum Gefrieren zu bringen, die sie dann auf den Straßen als Fruchteis verkauften. Auch die alten Römer holten von weit her Schnee und Eis, um Früchte zu kühlen. Im 13. Jahrhundert brachte Marco Polo aus China Rezepte für Fruchteis mit nach Italien. Eine Methode, Milch oder Sahne zum Gefrieren zu bringen, wurde erst 1550 von dem in Rom lebenden spanischen Arzt Blasius Villafranca ersonnen. Er fügte zu dem Wassereis, in dem das Gefäß mit der Sahne stand, Salpeter hinzu, der die Eistemperatur noch weiter senkte und damit das Gefrieren der Sahne beschleunigte. Von Italien breitete sich die Eisherstellung bald nach Frankreich und England aus.

Wer brachte die erste Tiefkühlkost auf den Markt?

Antwort Als der amerikanische Pelzhändler Clarence Birdseye einmal im Winter durch Alaska reiste, sah er, wie Fische, die gerade aus dem Wasser gezogen worden waren, sofort gefroren. Er erfuhr, daß die gefrorenen Fische noch nach Monaten eßbar sein würden. Birdseye fragte sich, ob wohl auch andere Nahrungsmittel durch Gefrieren haltbar gemacht werden konnten, und begann zu experimentieren.

Wie Lebensmittel tiefgefroren werden

Kisten mit frischen Lebensmitteln werden zwischen
Rohre gestellt, die mit einem Kühlmittel gefüllt
sind. Während das Kühlmittel durch die
Rohre fließt, entzieht es den
Lebensmitteln die Wärme.

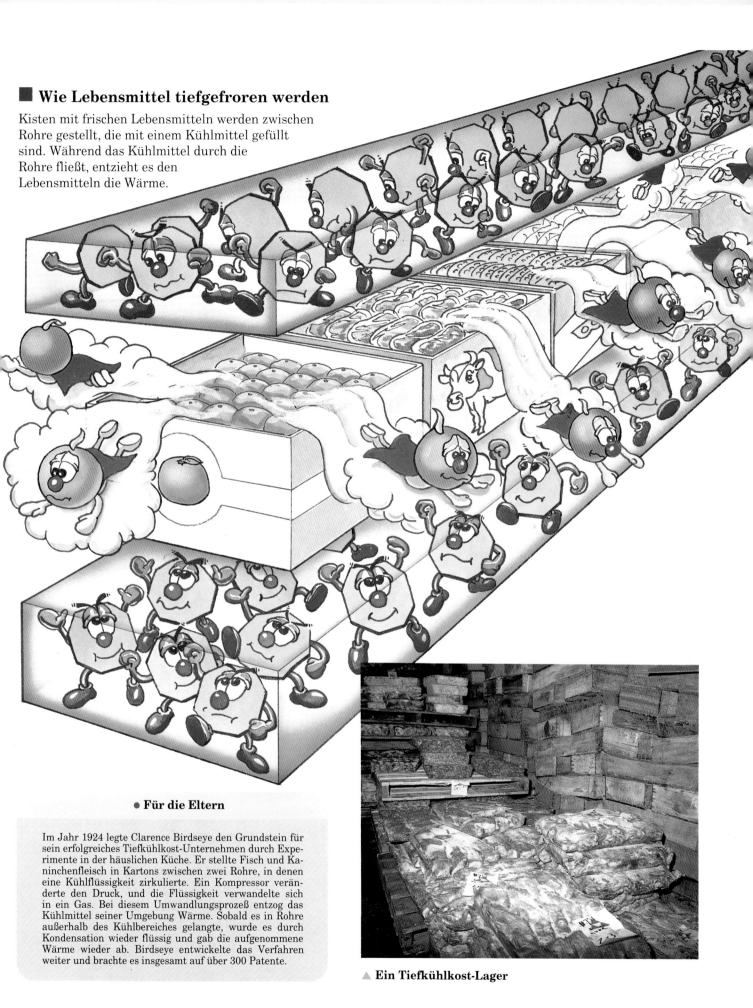

● **Für die Eltern**

Im Jahr 1924 legte Clarence Birdseye den Grundstein für
sein erfolgreiches Tiefkühlkost-Unternehmen durch Expe-
rimente in der häuslichen Küche. Er stellte Fisch und Ka-
ninchenfleisch in Kartons zwischen zwei Rohre, in denen
eine Kühlflüssigkeit zirkulierte. Ein Kompressor verän-
derte den Druck, und die Flüssigkeit verwandelte sich
in ein Gas. Bei diesem Umwandlungsprozeß entzog das
Kühlmittel seiner Umgebung Wärme. Sobald es in Rohre
außerhalb des Kühlbereiches gelangte, wurde es durch
Kondensation wieder flüssig und gab die aufgenommene
Wärme wieder ab. Birdseye entwickelte das Verfahren
weiter und brachte es insgesamt auf über 300 Patente.

▲ **Ein Tiefkühlkost-Lager**

? Wer stellte das erste Material aus Plastik her?

(Antwort) Plastik ist kein natürliches Produkt wie z. B. Baumwolle. Der Engländer Alexander Parkes stellte in den 50er Jahren des letzten Jahrhunderts das erste künstliche Material her, indem er Chemikalien mit Zellstoff vermischte, in eine Form preßte und erhitzte. Das Ergebnis war ein fester, aber formbarer Kunststoff.

■ **Elfenbein-Ersatz**

Der Amerikaner John W. Hyatt verbesserte Parkes Erfindung und nannte das Material Zelluloid. Er suchte einen Ersatz für Elfenbein, aus dem man Billardkugeln herstellen konnte. Das Zelluloid sah zwar ähnlich aus wie Elfenbein, doch zerbarsten die Kugeln leicht, wenn sie aneinanderstießen, und mitunter fingen sie sogar Feuer. Doch als Material für Filme, für Kämme oder Messergriffe war Zelluloid gut geeignet.

■ Bakelit

Den ersten vollsynthetischen Kunststoff entwickelte der Chemiker Leo Baekeland durch Erhitzen chemischer Stoffe aus Steinkohleteer. Das Material wurde Bakelit genannt und für Telephone und Fassungen von Glühlampen verwendet.

■ Nylon

Nylon ist eine aus Kunststoff gesponnene Faser, aus der viele Kleidungsstücke hergestellt werden. Als Nylon aufkam, waren die Menschen von dem neuen Material begeistert, weil es sich in etwa so anfühlte wie Seide.

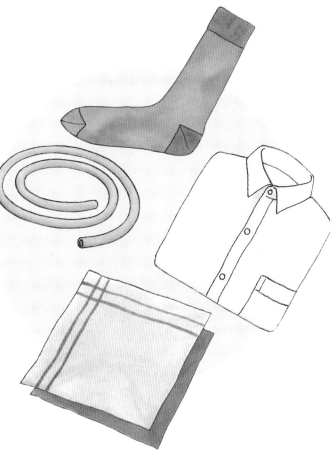

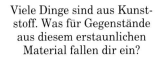

Viele Dinge sind aus Kunststoff. Was für Gegenstände aus diesem erstaunlichen Material fallen dir ein?

● Für die Eltern

Plastik ist ein künstliches Material, das sich leicht formen läßt, wenn man es erhitzt. Der britische Chemiker Alexander Parkes entwickelte den ersten Kunststoff, eine Mischung von Nitrozellulose mit Pflanzenöl und Kampfer als Weichmacher. Der Amerikaner John W. Hyatt erkannte die nützlichen Eigenschaften des neuen Materials und entwickelte es weiter; sein Produkt nannte er Zelluloid. Das von Leo Baekeland erfundene Bakelit war sehr hitzebeständig und elektrisch nicht leitfähig und wurde deshalb zum Isolieren von Elektrogeräten benutzt. Inzwischen haben Kunststoffe, wie Polyäthylen, Nylon und Acryl, eine vielfältige Verwendung gefunden.

? Wie entstand die Photographie?

Antwort Ein Vorläufer der Kamera war im 16. Jahrhundert die „Camera obscura" – ein dunkler Raum oder Kasten, in den durch eine Linse ein Bild projiziert werden konnte. Filme waren noch unbekannt. Erst etwa 300 Jahre später gelang es den Franzosen Joseph Nicéphore Niepce und Louis Daguerre, mit Hilfe von beschichteten Metallplatten bleibende Bilder zu erzeugen. 1888 brachte der Amerikaner George Eastman als erster die kleine, leichte Boxkamera mit einem Rollfilm auf den Markt.

■ Daguerres Verfahren

Daguerre verbesserte 1837 das von Niepce entwickelte Verfahren, Bilder auf Platten festzuhalten. An einem Holzkasten befand sich ein Rohr mit einer Linse, die man vor- und zurückbewegen konnte, um von einem Gegenstand ein scharfes Bild zu erhalten. An der Rückwand des Kastens war eine versilberte Kupferplatte befestigt, die mit einer lichtempfindlichen Schicht versehen war. Ein Bild aufzunehmen dauerte 30 Minuten. Daguerre konnte deshalb nur Landschaften photographieren und Objekte, die sich nicht bewegten. Menschen konnten kaum so lange stillhalten.

▲ Ein mit einer Daguerre-Kamera aufgenommenes Photo

■ Die Camera obscura

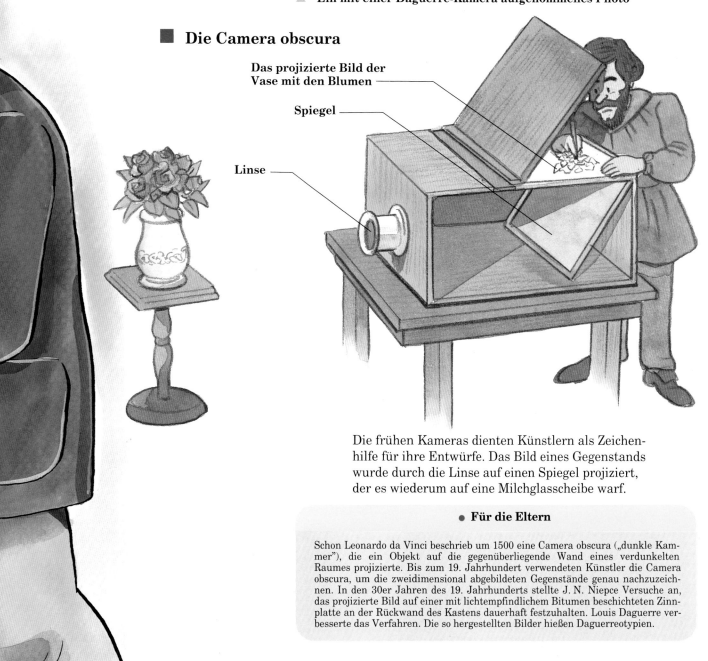

Das projizierte Bild der Vase mit den Blumen

Spiegel

Linse

Die frühen Kameras dienten Künstlern als Zeichenhilfe für ihre Entwürfe. Das Bild eines Gegenstands wurde durch die Linse auf einen Spiegel projiziert, der es wiederum auf eine Milchglasscheibe warf.

● Für die Eltern

Schon Leonardo da Vinci beschrieb um 1500 eine Camera obscura („dunkle Kammer"), die ein Objekt auf die gegenüberliegende Wand eines verdunkelten Raumes projizierte. Bis zum 19. Jahrhundert verwendeten Künstler die Camera obscura, um die zweidimensional abgebildeten Gegenstände genau nachzuzeichnen. In den 30er Jahren des 19. Jahrhunderts stellte J. N. Niepce Versuche an, das projizierte Bild auf einer mit lichtempfindlichem Bitumen beschichteten Zinnplatte an der Rückwand des Kastens dauerhaft festzuhalten. Louis Daguerre verbesserte das Verfahren. Die so hergestellten Bilder hießen Daguerreotypien.

Wie ist das Fernsehen entstanden?

An der Entwicklung des Fernsehens haben viele Menschen mitgewirkt. Einige Erfinder fanden heraus, wie Bilder übermittelt werden können, und andere beschäftigten sich mit dem Problem, die Bilder auf dem Fernsehschirm sichtbar zu machen. Die wichtigsten Beiträge leisteten drei Männer: der Deutsche Karl Ferdinand Braun, John L. Baird aus Großbritannien und der in Amerika lebende Russe Wladimir K. Zworykin.

■ Erfinder des Fernsehens

▲ **Braunsche Röhre**

Der deutsche Physiker Karl Ferdinand Braun entwickelte 1897 die Braunsche Röhre. Damit konnten die von einer Fernsehstation gesendeten elektrischen Signale in Bilder umgewandelt werden.

John L. Baird baute 1926 einen Televisor, einen Apparat, der ein Bild in eine Anzahl von Zeilen zerlegen konnte. Dieses Verfahren, Bildabtastung oder Scanning genannt, wird noch heute bei Bildübermittlungen angewandt.

▼ Bairds Televisor

● **Für die Eltern**

Von grundlegender Bedeutung für die Fernsehtechnik war die Erfindung der Kathodenstrahlröhre (Braunsche Röhre) durch Karl Ferdinand Braun im Jahr 1897. Zworykin entwickelte Bairds mechanische Bildabtastung weiter. Bei seinem Verfahren der elektronischen Bildabtastung wird ein Bild in winzige Elemente zerlegt, später Pixels genannt. Eine Kamera projizierte diese Pixels als elektrische Impulse auf eine Bildröhre, die das bewegte Bild aus 30 Einzelbildern pro Sekunde neu aufbaute.

Wladimir Zworykin konstruierte das Ikonoskop, einen Bildabtaster, der ein Bild elektronisch in Punkte zerlegte. Die Punkte wurden elektrisch übermittelt und auf dem Bildschirm in ein Bild umgewandelt.

◀ Ikonoskop

? Seit wann benutzen die Menschen Maschinen zum Rechnen?

Antwort Unsere Vorfahren nahmen zum Rechnen ihre Finger oder kleine Steine zu Hilfe. Das erste Rechengerät, mit dem man Zahlen zusammen und abziehen konnte, war der Abakus, der heute noch in einigen Ländern benutzt wird. Er besteht aus einem Holzrahmen, in dem Kugeln auf Stäben aufgereiht sind. Im 17. Jahrhundert kamen die ersten mechanischen Rechenmaschinen auf. Ihnen folgten unsere heutigen elektrisch betriebenen Geräte.

▷ Seit undenklichen Zeiten benutzen die Menschen zum Rechnen ihre Finger.

■ Verschiedene Rechengeräte

Chinesischer Abakus. Der chinesische Abakus war eines der ersten Rechengeräte. Im unteren Teil befinden sich an jedem Stab fünf Kugeln, die jeweils den Wert 1 haben, im oberen Teil zwei Kugeln, die den Wert 5 haben.

Pascals Additionsmaschine. 1642 erfand der französische Mathematiker Blaise Pascal einen Apparat, mit dem man addieren und subtrahieren konnte. Die Rechenmaschine arbeitete mit Hilfe einer Reihe von Zahnrädchen und einer Ziffernscheibe, die Zahlen bis 999 999 anzeigen konnte.

■ Moderne Rechner

Je mehr Rechenoperationen eine Maschine ausführen mußte, desto größer war ihr Format. Moderne Rechner, wie die beiden rechts, sind dagegen sehr klein und schnell, weil sie mit sogenannten Mikrochips ausgerüstet sind. Manche dieser Rechner können mit Sonnenenergie betrieben werden. Einige geben das Ergebnis sogar laut bekannt.

Hollerith-Maschine. Der deutsch-amerikanische Ingenieur Hermann Hollerith entwickelte einen mechanischen Apparat, der Löcher in Karten stanzte, die für Ziffern standen. Ein Zählwerk zählte die Lochungen und zeigte die Zahlen an. Diese Maschine wurde erstmals 1890 bei der amerikanischen Volkszählung eingesetzt.

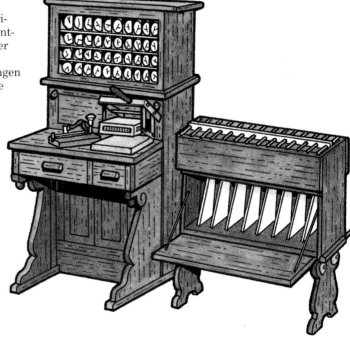

Rechenkurbel. Dieser Rechner mit Handkurbelbetrieb wurde in diesem Jahrhundert zum Addieren und Subtrahieren sowie zum Multiplizieren und Dividieren verwendet.

● Für die Eltern

Lange bevor es die Mathematik gab, stellten die Menschen schon Berechnungen an. Im alten Ägypten und in Mesopotamien zählten sie den Bestand ihrer Haustiere, indem sie entsprechend viele Kieselsteine sammelten und in einem Beutel aufbewahrten. Wenn die Tiere Junge bekamen, fügten sie Steine hinzu. Und wenn ein Tier verkauft wurde oder eines einging, wurde ein Stein aus dem Beutel genommen. Die Menschen wußten auch zu multiplizieren und zu dividieren. Als die Berechnungen immer komplizierter wurden, begann man über mechanische Hilfsmittel nachzudenken. So entstand das erste Rechengerät, der Abakus, der noch heute in einigen Ländern in Gebrauch ist.

Wann wurde der Computer eingeführt?

(Antwort) 1946 nahmen Wissenschaftler an der Universität von Pennsylvania in den USA den ersten vollelektronischen Digitalrechner, ENIAC, in Betrieb. Die Maschine arbeitete mit Tausenden von Vakuumröhren und war so groß, daß sie einen ganzen Raum ausfüllte. Viele Leute waren daran beteiligt, dieses Modell zu verbessern und kleinere und leistungsfähigere Computer zu entwickeln. 1972 gab es bereits Computerspiele im Schachtelformat.

■ ENIAC

Ein Computer mit vielen Schaltern

Einer der ersten Computer war der Mark I, der 1944 an der amerikanischen Harvard-Universität vollständig in Betrieb genommen wurde. Die Maschine war gut 15 Meter lang und hatte über 3000 elektromechanische Schalter. Der Mark I konnte drei Rechenoperationen pro Sekunde durchführen, was zu jener Zeit als sehr schnell galt. Ein moderner Großrechner hingegen schafft inzwischen 10 Milliarden Rechenoperationen pro Sekunde.

Größenvergleich

Stellt man sich die Größe der verschiedenen Computer in Blöcken vor, so sieht man, wie klein die heute gebräuchlichen Personal Computer im Vergleich zum ENIAC sind.

| ENIAC | Mark I | PC |

• Für die Eltern

Die ersten Computer waren riesengroß, weil die Teile, in denen die Rechenoperationen ausgeführt wurden, aus Elektronenröhren und mechanischen Relais bestanden. ENIAC (Electronic Numerical Integrator and Calculator) arbeitete mit etwa 18 000 Röhren und entwickelte folglich eine enorme Hitze. Mit dem Aufkommen der Mikrochips, deren Tausende elektronischer Schalter und Schaltkreise so winzig sind, daß man sie mit bloßem Auge nicht erkennt, wurde der Bau wesentlich kleinerer Computer möglich. Und die Technologie schreitet immer weiter voran. Dennoch wäre ein Computer, der sämtliche Funktionen des menschlichen Gehirns simulieren könnte, nach Meinung einiger Wissenschaftler weitaus größer als ENIAC.

Was ist ein Roboter?

Antwort Die Menschen wünschten sich oft einen mechanischen Gehilfen, der ihnen die Arbeit abnehmen konnte. Aus diesem Gedanken entstand die Idee zu einem Roboter. Der älteste uns bekannte mechanische Gehilfe ist eine japanische Puppe aus dem 17. Jahrhundert. Sie konnte Getränke von einem Ort zum anderen bringen. Ein anderes frühes Modell, von 1772, war eine Puppe aus der Schweiz, die zeichnen konnte. Aufgrund solcher Beispiele denken wir bei Robotern meist an Maschinen in menschenähnlicher Gestalt. Doch die seit den 50er Jahren in Fabriken eingesetzten modernen Roboter bestehen meist nur aus Armen oder Greifern.

■ Ein schreibender Roboter

◄ Wenn die Puppe wie eine Uhr aufgezogen wird, taucht sie die Feder in Tinte und schreibt damit.

Diese von einem Schweizer Uhrmacher hergestellte mechanische Puppe, die schreiben kann, wird von Zahnrädern und Hebeln in Gang gesetzt.

◼ Mechanischer Diener

Dieser japanische Roboter konnte eine
Reisweinschale tragen und sich mit
ihr vorwärts und rückwärts bewegen.

◼ Einarmiger Roboter

Roboter werden in Fabriken für Arbeiten eingesetzt, bei
denen immer die gleichen Bewegungen ausgeführt werden müssen oder die für Menschen zu gefährlich sind.
Ein automatischer Arm mit Sensoren, Gelenken und
Greifmechanismus kann schnellere und präzisere Bewegungen ausführen als ein menschlicher Arm.

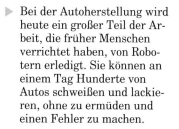

▷ Bei der Autoherstellung wird
heute ein großer Teil der Arbeit, die früher Menschen
verrichtet haben, von Robotern erledigt. Sie können an
einem Tag Hunderte von
Autos schweißen und lackie-
ren, ohne zu ermüden und
einen Fehler zu machen.

● Für die Eltern

Der tschechische Schriftsteller Karel
Čapek verwendete den Begriff *robot*
für Maschinen in menschlicher Gestalt 1920 in seinem Drama *R.U.R.*
(Rossum's Universal Robots). Er lei-
tete es von dem tschechischen Wort
robota für Fronarbeit ab. Heute werden Roboter meist für die industrielle
Fertigung eingesetzt. Vielleicht wird
die fortschreitende Technologie
in der Zukunft den künstlichen Menschen hervorbringen, der schon in
vielen Science-fiction-Romanen Gestalt angenommen hat.

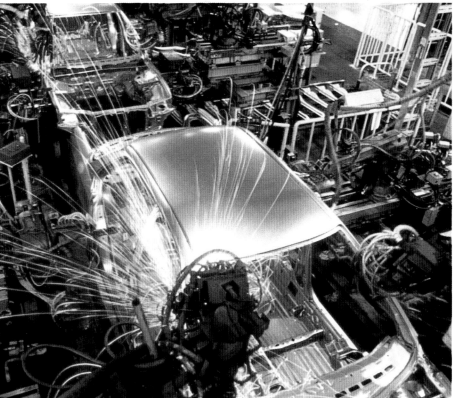

❓ Welchen Nutzen haben Erfindungen für den Haushalt gebracht?

■ Reinigungsgeräte

Vor vielen Jahrhunderten fegten die Menschen Schmutz mit einzelnen Zweigen weg. Später banden sie Reisig oder Stroh so zusammen, daß daraus ein Besen wurde.

▲ Heute hilft uns eine Art elektrischer Besen, der Staubsauger, Schmutz und Staub aufzunehmen und in einem Behälter zu sammeln.

■ Kühlmethoden

In alten Zeiten wurden Nahrungsmittel an geschützten Plätzen, wie Höhlen, kühl gehalten. Im Laufe der Zeit benutzte man Eisblöcke, um Lebensmittel frisch zu halten.

▲ In modernen Kühlschränken befindet sich ein Rohrsytem, durch das ein Kühlmittel fließt. Es senkt die Innentemperatur und hält so die Lebensmittel kühl.

● Für die Eltern

Bis heute, Jahrzehnte nach der Erfindung des Staubsaugers und des Kühlschranks, haben wir eine Reihe traditioneller Methoden im Haushalt beibehalten. Viele Menschen benutzen neben dem Staubsauger noch immer einen Besen, und auch die altmodischen Konservierungsarten, wie Einwecken von Obst und Gemüse oder Pökeln von Fleisch, werden noch praktiziert.

Mitwachsendes Album

Welche Form ist am funktionalsten? 82
Wer hat was erfunden? 84
Wie spielst du damit? 85
Welche Erfindung ist am ältesten? 86

Welche Form ist am funktionalsten?

Hier sind vier Stifte und vier Becher abgebildet.
Wähle jeweils den Stift und den Becher aus, die
am praktischsten zu benutzen sind, und mache
ein Kreuz in das dazugehörige Kästchen.

■ **Stifte**

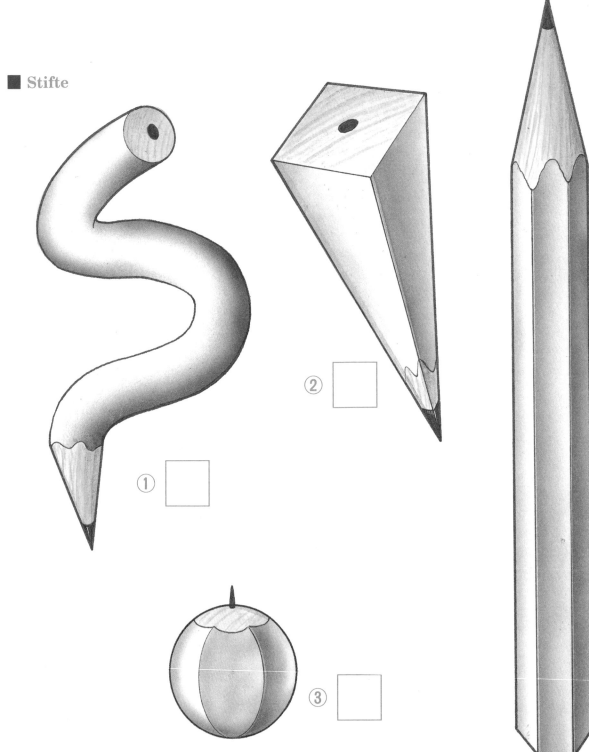

① ☐

② ☐

③ ☐

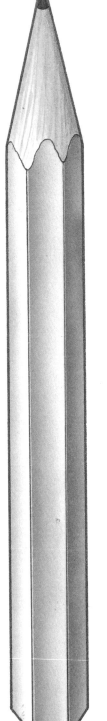

④ ☐

■ Becher

② □

① □

③ □

④ □

Antwort: Bleistift: 4; Becher 3

Wer hat was erfunden?

Hier sind fünf Erfinder abgebildet.
Wofür sind sie berühmt? Ordne jedem
Erfinder die passende Erfindung zu.

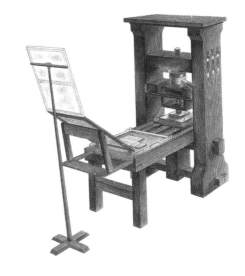

Thomas Edison ●

● **Druckerpresse**

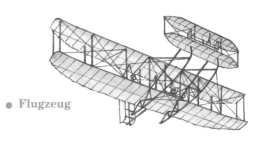

Alexander Graham Bell ●

● **Flugzeug**

● **Elektrische Glühlampe**

Die Brüder Wright ●

Johannes Gutenberg ●

● **Telephon**

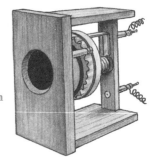

Wie spielst du damit?

Schau dir diese spielenden Kinder
an. Welchen Körperteil gebrauchen sie hauptsächlich bei ihrem
Spiel? Schreibe in jedes Kästchen
eine der drei Zahlen.

1 Hände   2 Füße   3 Rumpf

Rollschuhe

Hula-Hoop

Frisbee

Fußball

Jo-Jo

Antwort: Rollschuhe: 2; Frisbee: 1; Hula-Hoop: 3; Fußball: 2; Jo-Jo: 1

Welche Erfindung ist am ältesten?

Sieh dir die Erfindungen auf diesen beiden Seiten an. Wähle aus jeder Gruppe diejenige aus, die deiner Meinung nach am ältesten ist, und mache ein Kreuz in das dazugehörige Kästchen.

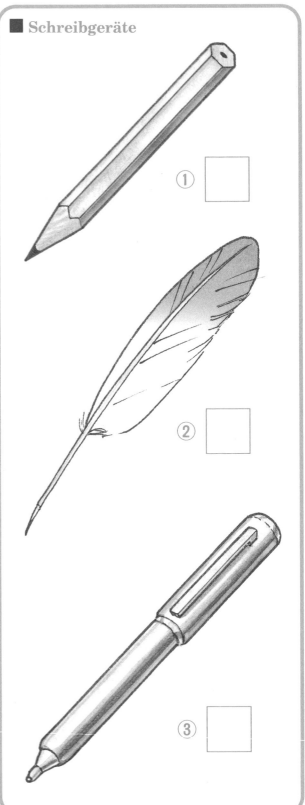

■ Schreibgeräte

①

②

③

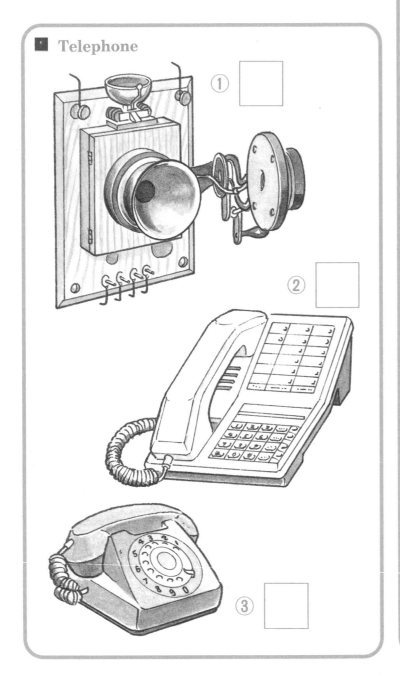

■ Telephone

①

②

③

■ Autos

①

②

③

■ Flugzeuge

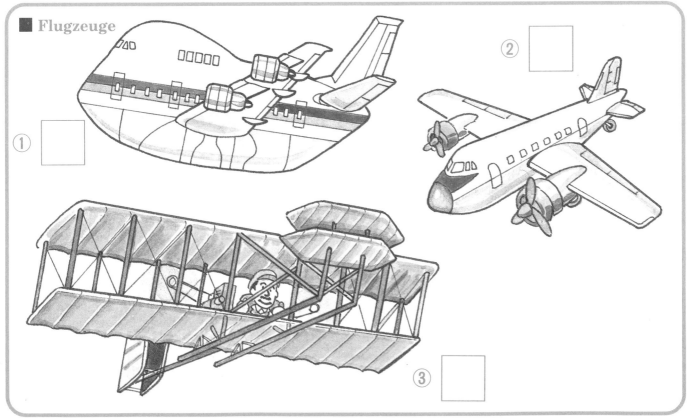

②

①

③

Kinder entdecken . . .

Erfindungen

Authorized German language edition
© 1994 Time-Life Books B.V., Amsterdam
Original Japanese language edition
© 1993 Gakken Co., Ltd.
All rights reserved.
First German printing.

ISBN 90-5390-565-0

Quellennachweis für die Umschlagphotos:
vorn: The Image Bank/Luis Castaneda
hinten: The Image Bank/Marvin E. Newman

Übersetzung ins Englische und redaktionelle Bearbeitung:
International Editorial Services Inc., Tokio, sowie Time-Life Inc., Alexandria, U.S.A.

Deutsche Ausgabe:
Leitung der Redaktion: Marianne Tölle
Textredaktion: Edelgard Prinz-Korte

Aus dem Englischen übertragen von Andrea Hamann

20 19 18 17 16 15 14 13 12 11 10 9 8 7 6 5 4 3 2

Satz: Utesch Satztechnik GmbH, Hamburg
Druck: GEA, Mailand
Bindung: GEP, Cremona

TIME-LIFE KINDER-BIBLIOTHEK

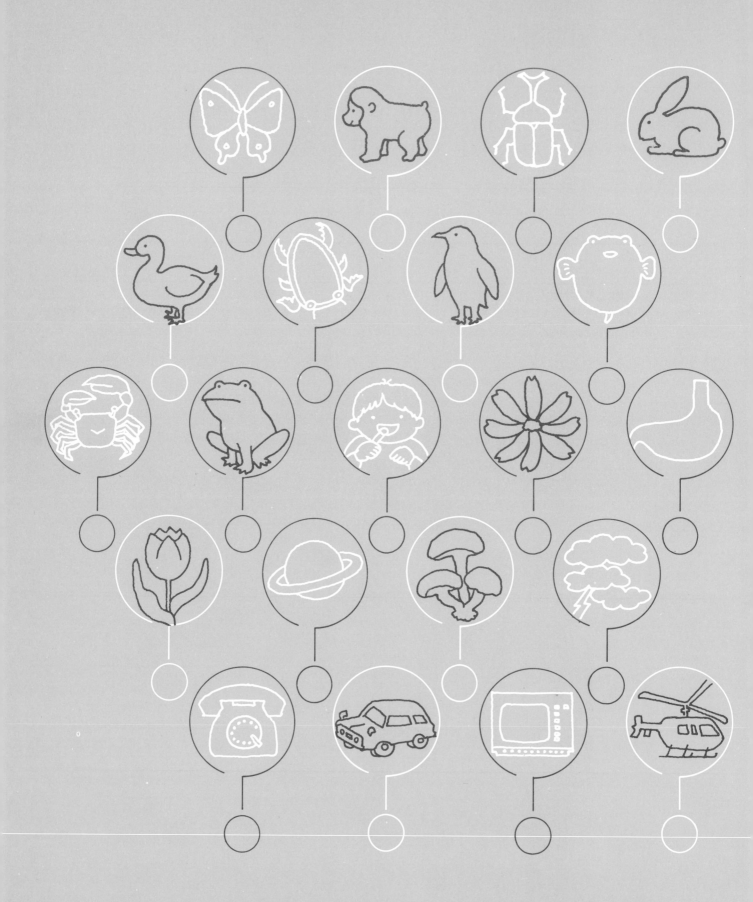